Tamara Marksteiner | Josephine Jahn
Dorien Duffner-Korbee | Aaron Heinz | Tobias Vogel

Resilienz im Umgang mit Social Media

Manual für die Schulsozialarbeit

LAMBERTUS

Tamara Marksteiner | Josephine Jahn
Dorien Duffner-Korbee | Aaron Heinz
Tobias Vogel

Resilienz im Umgang mit Social Media

Manual für die Schulsozialarbeit

LAMBERTUS

Gefördert durch:

Bundesministerium
für Umwelt, Naturschutz, nukleare Sicherheit
und Verbraucherschutz

aufgrund eines Beschlusses
des Deutschen Bundestages

Bundesanstalt für
Landwirtschaft und Ernährung

Bibliografische Information der Deutschen Nationalbibliothek
Die Deutsche Nationalbibliothek verzeichnet diese Publikation in der Deutschen Nationalbibliografie; detaillierte bibliografische Daten sind im Internet über dnb.d-nb.de abrufbar.

www.lambertus.de
Umschlaggestaltung: Nathalie Kupfermann, Bollschweil
Druck: Elanders Waiblingen GmbH
ISBN: 978-3-7841-3758-2
ISBN ebook: 978-3-7841-3759-9

Inhalt

Eine Liste mit weiteren Interventionsprogrammen unter: www.lambertus.de/fair-manual

Vorwort

Die Entstehung dieses Manuals geht auf eine inspirierende Begegnung im Jahr 2021 zurück, als Dr. Johannes Schuler, damals am ISI Fraunhofer-Institut tätig und heute Policy Officer bei der Europäischen Kommission, mit der Projektidee an mich herantrat. Gemeinsam mit Prof. Dr. Tobias Vogel, Dr. Pia Niessen, wissenschaftliche Mitarbeiterin am ISI Fraunhofer-Institut, und mir wurde die Idee geboren, einen Drittmittelantrag beim Bundesministerium für Umwelt, Naturschutz, nukleare Sicherheit und Verbraucherschutz (BMUV) einzureichen. Dies war der Beginn eines spannenden und lehrreichen Projekts zur Förderung adoleszenter Influencer*innen-Resilienz (FaIR).

Unser Dank gilt zunächst Dr. Johannes Schuler und Dr. Pia Niessen, ohne deren Engagement und Weitsicht dieses Projekt nicht möglich gewesen wäre. Ihre Expertise und ihr unermüdlicher Einsatz in der Antragstellung haben uns stets inspiriert und motiviert. Dr. Pia Niessen begleitete das Projekt auch in der Abschlussphase.

Ein besonderer Dank gebührt auch den wissenschaftlichen Hilfskräften an der Universität Mannheim, dem Fraunhofer-Institut sowie der Hochschule Darmstadt. Lale Rüther und Nika Werne haben durch ihre intensive Mitarbeit bei der Entwicklung einzelner Module entscheidend zum Erfolg des Manuals beigetragen. Emma Hayn unterstützte uns tatkräftig und half aus, wo immer Hilfe benötigt wurde.

Wir möchten auch die Mitglieder unseres Projektbeirats hervorheben, die uns mit ihrer Erfahrung und ihrem Wissen bereichert haben: Ursula Kluge von Aktion Jugendschutz (Landesarbeitsstelle Baden-Württemberg), Philipp Löffler von der Landesarbeitsgemeinschaft Jugendsozialarbeit, Susanne von Holten vom Netzwerk Medienkompetenz Sachsen-Anhalt, Carolin Sallinger und Miriam

Prätsch vom Zentrum für Psychologische Psychotherapie Heidelberg sowie Ingo Hettler vom Netzwerk Schulsozialarbeit Baden-Württemberg. Ihre Beiträge und ihr Feedback waren von unschätzbarem Wert für die Weiterentwicklung unserer Materialien.

Nicht zuletzt danken wir den Schülerinnen und Schülern sowie den Lehrkräften, die unsere Materialien erprobt haben. Ihre Rückmeldungen und Anregungen haben uns geholfen, das Manual praxisnah und nutzerfreundlich zu gestalten.

Dieses Manual ist das Ergebnis einer intensiven Zusammenarbeit und eines gemeinsamen Lernprozesses. Wir hoffen, dass es Ihnen ebenso viel Nutzen bringt, wie uns die Entwicklung Freude bereitet hat.

Mit herzlichem Dank und den besten Wünschen
Dr. Tamara Marksteiner

1 Einleitung

Die Nutzung Sozialer Medien wie YouTube, TikTok oder Instagram gehört für die allermeisten Kinder und Jugendlichen zum Alltag. So gaben bei einer repräsentativen Umfrage zur Nutzung von Sozialen Medien u. a. 62 % der befragten 12- bis 19-Jährigen an, täglich Instagram zu nutzen. Der Messenger-Dienst WhatsApp ist hierbei mit Abstand die beliebteste Plattform und wurde 2022 von 93 % der befragten Jugendlichen täglich genutzt. Des Weiteren nimmt die regelmäßige Nutzung aller Sozialen Medien mit zunehmendem Alter der Jugendlichen deutlich zu (JIM-Studie 2022). Auch wenn die Nutzung Sozialer Medien gewisse Chancen bietet wie etwa die Vernetzung mit Peers und der Informationsaustausch, birgt sie gleichzeitig auch verschiedene Risiken. Insbesondere die beabsichtigte, aber auch unbeabsichtigte Beeinflussung von Kindern und Jugendlichen durch sog. Influencer*innen in Sozialen Medien (Social Media Influencer; SMI) kann ein Problem darstellen. Dabei geht es u. a. um die meistens gezielte Beeinflussung des Kaufverhaltens von Kindern und Jugendlichen (z. B. von Kleidung) durch Marketing-Strategien von SMI. Die vorliegenden Trainingsmodule zur *F*örderung *a*doleszenter *I*nfluencer*innen-*R*esilienz (FaIR-Trainingsmodule) setzen hier an und zielen darauf ab, die *Resilienz bei Beeinflussungsversuchen durch SMI-Marketing zu fördern* und somit das Ausmaß negativer Folgen, die durch die Beeinflussung entstehen können, wie etwa der Kauf von angepriesenen Produkten, abzumildern.

Bei der Entwicklung der Module orientierten wir uns an einem *multimodalen Ansatz,* bei dem die *Modalitäten Affekt, Kognition und Verhalten* bei Jugendlichen angesprochen werden, um Social-Media-Resilienz zu stärken. Hierfür wurden auf Basis pädagogischer und psychologischer Methoden spezifische Materialien entwickelt. Die Module können separat oder nach der unten beschriebenen Reihenfolge über einen Zeitraum von 6 Wochen bearbeitet werden. Die primäre Zielgruppe sind *Jugendliche im Alter von 12 bis 14 Jahren* und deckt somit teilweise die frühe und die mittlere Adoleszenz ab, wobei auch jüngere Kinder nach Adaptation der Materialien trainiert werden können. So verfügen mehr als die Hälfte der Kinder ab dem Alter von zehn bis elf Jahren über ein eigenes Smartphone (KIM-Studie 2022). Die Bundeszentrale für gesundheitliche Aufklärung (BZgA) empfiehlt, vor dem Alter von 9 Jahren kein eigenes Handy zu besitzen und erst mit 12 Jahren ein Smartphone mit Internetzugang zu nutzen (BZgA 2019). Die Ausrichtung des Trainings ist *primär präventiv* und kann daher breit eingesetzt werden. Eine sekundär präventive Anwendung ist ggf. mit einer Adaptation der Materialien an die Risikogruppe denkbar. Als Trainingssetting ist ein *Gruppenformat* angedacht. Somit ist das Training zur Durchführung im Schulkontext – auch wegen seiner präventiven Ausrichtung – besonders geeignet. Im vorliegenden Interventionsmanual wird aber auch auf die Anwendung in anderen als dem schulischen Gruppensetting eingegangen.

2 Theoretische Grundlagen

Nachfolgend werden die theoretischen Grundlagen für die Erstellung des Manuals erläutert. Diese untergliedern sich in zwei Abschnitte: Soziale Medien und Beeinflussung sowie Resilienzförderung. Im Anschluss an die Grundlagen wird ein Überblick zu bereits bestehenden Interventionen gegeben und abgeleitet, wie die Influencer*innen-Resilienz konkret gefördert werden kann.

2.1 Soziale Medien und Beeinflussung

Die Beeinflussung in Sozialen Medien wird nachfolgend zum einen aus Sicht der Jugendlichen beschrieben und zum anderen werden die unterschiedlichen Marketingformen von Influencer*innen dargestellt.

2.1.1 Beeinflussung durch Influencer*innen in Sozialen Medien

Die Beeinflussung von Jugendlichen durch Influencer*innen in Sozialen Medien wie TikTok oder YouTube kann aus verschiedenen Gründen ein Problem für jugendliche Nutzer*innen sein.

Erstens können Jugendliche dazu verleitet werden, Dinge zu kaufen, die sie nicht brauchen oder die nicht gut für sie und ihre Gesundheit sind (z. B. Salazar 2017). So verdienen Influencer*innen in Sozialen Medien oft ihr Geld mit *Produktplatzierungen und Werbung* auf ihren Kanälen. Dass Kinder und Jugendliche dann zum Produktkauf animiert werden, kann u. a. durch den *Effekt des bloßen Kontakts* erklärt werden (Zajonc 1968): Demnach führt allein die wiederholte Darbietung eines Produkts dazu, dass eine anfangs neutral bewertete Sache in der Folge als positiver eingestuft wird. Daher kann ein Produkt, das von Influencer*innen immer wieder gezeigt und von Follower*innen gesehen wird, von diesen zunehmend positiv bewertet werden. In der Folge können auch der Wunsch, das gezeigte Produkt zu kaufen sowie die Kaufentscheidung immer stärker werden, sodass es letztlich zu einer Entscheidung zu einem Kauf führen kann (Fang et al. 2007). Eine weitere Erklärung ist, dass Influencer*innen als Vorbilder fungieren und Follower*innen diese entsprechend nachahmen, indem sie beispielsweise die beworbenen Produkte kaufen (Bandura 1961; De Veirman et al. 2019).

Damit zusammen hängt auch die *fehlende Authentizität* der Influencer*innen als weiteres Problem für Jugendliche (vgl. Audrezet et al. 2020; Wellman et al. 2020): Aufgrund der Motivation zur positiven Selbstdarstellung und bezahlten Werbepartnerschaften stellen Influencer*innen ein idealisiertes Bild ihres Lebens dar und zeigen in ihren Posts zunehmend nur die positiven Seiten. Dies kann dazu führen, dass sich bei Jugendlichen ein ungesundes Idealbild entwickelt, das mit der Realität wenig zu tun hat (Chae 2018).

Neben der Motivation, ein positives Bild von sich selbst abzubilden, sind Influencer*innen in den allermeisten Fällen keine ausgebildeten Expert*innen in den Bereichen, über die sie reden. Aufgrund dieser oftmals *fehlenden Kompetenz* können Jugendliche dadurch falsche Informationen erhalten oder in die Irre geführt werden. Dies kann insbesondere dann zum Tragen kommen, wenn z. B. gesundheitsschädigendes Verhalten wie übertriebene Fitnessroutinen oder ernährungswissenschaftlich bedenkliche Diäten vermittelt werden.

Angrenzend daran sind nicht nur Falschinformationen problematisch, sondern auch *„falsche“ Werte*: So vermitteln manche Influencer*innen Werte und Normen, die nicht mit gesamtgesellschaftlichen Werten und Normen übereinstimmen. Dadurch können Jugendliche z. B. falsche Vorstellungen von gesundem Verhalten erlangen und Verhalten, wie etwa übermäßigen Alkoholkonsum oder exzessives Kaufverhalten, verherrlichen. Viele Influencer*innen präsentieren ihren Follower*innen einen luxuriösen Lebensstil und vermitteln damit den Eindruck, dass materielle Güter, wie teure Kleidung, Schmuck oder elektronische Geräte, notwendig sind, um glücklich und erfolgreich zu sein. Dies kann dazu führen, dass Jugendliche dazu verleitet werden, über ihre Verhältnisse zu leben und mehr auszugeben, als sie sich eigentlich leisten können. Ein Beispiel hierfür ist der Trend der sogenannten Klarnaschulden (#klarnaschulden): Klarna ist ein schwedischer Zahlungsdienstleister, der es Nutzer*innen ermöglicht, online Produkte zu kaufen und den Betrag erst später zu bezahlen. Viele Influencer*innen werben für Klarna und vermitteln dadurch den Eindruck, dass es einfach und unkompliziert sei, Produkte auf diese Weise zu kaufen. Das hat jedoch dazu geführt, dass immer mehr junge Menschen in eine Schuldenfalle geraten, weil sie mehr ausgeben, als sie sich leisten können, und später Schwierigkeiten haben, die Rechnungen zu begleichen (vgl. Melcher 2023).

Das Phänomen *Fear of Missing Out* (FOMO) ist ein Grund für die gestiegene und extensive Nutzung von Internet und Sozialen Medien (Roberts/David 2020): Dabei handelt es sich um die Angst, etwas zu verpassen oder nicht auf dem neuesten Stand zu sein (Przybylski et al. 2013). Diese Angst tritt häufig im Zusammenhang mit Sozialen Medien auf, da Informationen ständig verfügbar sind und die Möglichkeit besteht, das Leben anderer in Echtzeit zu verfolgen. Darüber hinaus kann die Angst, etwas zu verpassen, zu einer nächtlichen Nutzung Sozialer Medien führen, was sich negativ auf den Schlaf auswirken kann: So haben Studien gezeigt, dass die nächtliche Nutzung Sozialer Medien späteres Zubettgehen, erhöhte kognitive Erregung vor dem Schlafengehen, eine längere Latenzzeit für den Schlafbeginn und eine kürzere Schlafdauer verursachen kann. Die Abhängigkeit von bestimmten Influencer*innen kann diese Probleme noch verstärken, da Jugendliche dazu neigen können, bis spät in die Nacht online zu bleiben, um die neuesten Beiträge und Stories ihrer Vorbilder nicht zu verpassen (Scott/Woods 2018). Der Wunsch nach Ablenkung von Langeweile und der Wunsch nach Entspannung können wiederum zu einem verstärkten Bedürfnis nach Bestätigung und Ablenkung durch Soziale Medien am nächsten Tag führen (Stockdale/Coyne 2020; Whiting/Williams 2013). Durch Abhängigkeit werden die bereits genannten Probleme mit großer Wahrscheinlichkeit deutlich verschärft.

Die *extensive Nutzung von Internet und Sozialen Medien* steigt bei Jugendlichen immer mehr an: In den vergangenen zehn Jahren hat die durchschnittliche tägliche Internetnutzungsdauer um 73 Minuten zugenommen. Dabei verbringen Jungen und Mädchen laut Selbstberichten ähnlich viel Zeit mit dem Internet, wobei mit steigendem Alter die Nutzungszeit deutlich zu nimmt (12–13 Jahre: 176 Min., 14–15 Jahre: 194 Min., 16–17 Jahre: 210 Min., 18–19 Jahre: 233 Min.; JIM-Studie 2022). Je mehr Zeit junge Menschen im Internet verbringen, desto weniger Zeit bleibt ihnen für Schule, Familie, Freunde und andere Freizeitaktivitäten. Die Folgen sind, dass Schulleistungen beeinträchtigt, wichtige Beziehungen vernachlässigt und körperliche Aktivitäten reduziert werden. Da Schulnoten und der Schulabschluss den gesamten weiteren Bildungs- und Karriereweg maßgeblich beeinflussen, ist diese Konsequenz hochproblematisch und gerade in der frühen Adoleszenz noch schwer einschätzbar. Aber auch das Vernachlässigen von wichtigen sozialen Beziehungen kann weitreichende Konsequenzen haben, die für Jugendliche teilweise schwer zu erkennen sind. Denn gerade in kritischen Lebensphasen ist soziale Unterstützung durch Freunde essenziell für die psychische Gesundheit von Jugendlichen (Leary/Baumeister 1995; Fisher et al. 2015). Auch der zunehmende Bewegungsmangel im Zusammenhang mit gestiegener Nutzung elektronischer Medien (s. KIGGS-Studie 2014, erste Welle; Manz et al. 2014) wirkt sich langfristig auf die Gesundheit von Kindern und Jugendlichen aus. Es ist anzunehmen, dass z. B. die empfundene Verbundenheit zu Influencer*innen und die damit einhergehende FOMO (Kap. 2.4.2) die Nutzungszeiten Sozialer Medien erhöhen, wodurch die aufgezeigten negativen Folgen der exzessiven Nutzung wahrscheinlicher werden.

Aus diesen Gründen ist es wichtig, dass Jugendliche zum einen lernen, kritisch mit den Inhalten umzugehen, die sie in den Sozialen Medien sehen. Zum anderen sollten Eigenschaften und Verhaltensweisen gefördert werden, die zu einer gewissen Resilienz gegenüber der Beeinflussung durch Soziale Medien und Influencer*innen führt. Genau an diesen beiden Aspekten setzten die FaIR-Trainingsmodule an, indem jungen Menschen zum einen Wissen über Beeinflussung in Sozialen Medien vermittelt bekommen und zum anderen in ihren Kompetenzen und Eigenschaften gefördert werden, die die Stärke der Beeinflussung und deren Konsequenzen abschwächen.

2.1.2 Marketing von Influencer*innen

Influencer*innen-Marketing bezieht sich auf die Verwendung von einflussreichen Personen auf Social-Media-Plattformen zur Vermarktung von Produkten und Dienstleistungen (Kost/Seeger 2020). Während herkömmliches Marketing sich mehr nach dem Markt und den Marktgegebenheiten ausgerichtet hat, drehen sich heutige Marketing-Strategien vorrangig um den Kunden (Brix 2021). Besonders die jüngeren Generationen Y und Z gelten im Marketing als herausfordernd zu erreichen. Sie nutzen nur selten lineares Fernsehen, lesen kaum gedruckte Zeitungen oder Zeitschriften und hören kaum Radio. Darüber hinaus verwenden sie häufig Adblocker während ihrer Online-Nutzung (Jahnke 2021). Influencer*innen werden daher als Kommunikationskanäle der Werbetreibenden genutzt, um potenzielle Zielgruppen zu erreichen und zu finden (Kost/Seeger 2020).

Die Werbung über Influencer*innen erfolgt dabei unter anderem auf den Plattformen YouTube, Instagram und TikTok und deckt Themenbereiche wie Schönheit, Fitness, Kleidung, Games, Elektronik und Musik ab. Eine Herausforderung bei der Nutzung und der Wahrnehmung von Influencer*innen-Marketing stellt die Komplexität und die Vielfalt der verschiedenen Werbeformen dar. Nach einer Studie von Enke et al. (2021) konnten 43 Werbeformen identifiziert werden, die sich in drei übergeordnete Kategorien einteilen lassen: präsentationsfokussiert, interaktionsfokussiert sowie rezeptions- und reichweitenfokussiert.

Präsentationsfokussierte Typen konzentrieren sich auf die (offensichtliche oder beiläufige) Präsentation von Produkten oder Dienstleistungen für die Follower*innen. Dies geschieht beispielsweise in Form einer beiläufigen Erwähnung der Marke oder des Produkts, Einbettung des Produkts als Teil eines Outfits oder einer

Szenerie, dem Unboxing (Influencer*in packt ein zugesandtes Geschenk der Marke vor laufender Kamera aus) oder der Produktanwendung (Enke et al. 2021). Durch die Präsentation des Produktes oder der Dienstleistung wird die Aufmerksamkeit der Follower*innen (unbewusst) darauf gelenkt (Schwemmer/Ziewiecki 2018). Oft wird dabei versucht, die kommerzielle (Verkaufs-)Absicht soweit es geht zu verbergen, sodass nicht auffällt, dass es sich bei dem Post um Werbung handelt. Durch die bloße Paarung mit beliebten Inhalten wird diese Form der Werbung durch sog. evaluatives Konditionieren (EC; DeHouwer 2008; Vogel/Wänke 2016) zu einer besseren Produktbewertung führen.

In *interaktionsfokussierten Werbeformaten* versuchen die Influencer*innen in einen kontinuierlichen Austausch mit den Rezipient*innen zu treten, in dem indirekte oder direkte Kaufappelle eingebettet sind. Beispiele hierfür sind Community-Gewinnspiele (Verlosungen exklusiv für die Follower*innen), Votings und Umfragen (in denen beispielsweise abgefragt wird, welches Outfit den Follower*innen besser gefällt) oder Community-Content (von den Follower*innen generierte Inhalte, die auf dem Kanal der Influencerin/des Influencers geteilt werden; Enke et al. 2021). Eine weitere Marketing-Strategie bezieht sich auf die Nutzung von Rabattcodes, bei denen der Influencer/die Influencerin den Follower*innen die Chance gibt, ein bestimmtes Produkt vergünstigt erhalten zu können (Bartels/Terstiege 2020). Hierbei wird das Knappheitsprinzip als Strategie häufig verwendet: Es wird betont, dass nur eine limitierte Stückzahl eines Produktes vorhanden ist und/oder diese nur für eine kurze Zeitspanne zu erwerben sind, wodurch der Handlungsdruck, schnell teilzunehmen oder das Produkt zu kaufen, erhöht wird (Wu et al. 2012).

Kanalaufbau- und rezeptionsfokussierte Formen unterscheiden sich von den beiden anderen Formen dadurch, dass sie keine Produkte oder Dienstleistungen präsentieren, sondern Werbung für andere Influencer*innen-Kanäle oder deren Content werben. Beispiele hierfür sind Cross-content-promotion (d.h. der Kanal eines anderen Influencers wird auf derselben Plattform erwähnt bzw. empfohlen) oder Cross-influencer-promotion (d.h. ein Kanal des Influencers wird auf derselben Plattform erwähnt bzw. empfohlen.; für mehr Details siehe Borchers/Enke 2021).

Um den Beeinflussungsversuchen durch Influencer*innen, die durch gezielte Werbestrategien verstärkt werden, widerstehen zu können, bedarf es Resilienz.

2.2 Resilienz im Kontext Sozialer Medien

Nach Southwick und Charney (2018) bezeichnet Resilienz die Fähigkeit eines Menschen, Krisen, Belastungen und schwierige Lebensumstände zu bewältigen, sich davon zu erholen und sogar gestärkt aus ihnen hervorzugehen. Es ist die Fähigkeit, Herausforderungen zu meistern und sich an Veränderungen anzupassen, ohne dabei langfristig negative Auswirkungen auf das psychische oder physische Wohlbefinden zu erfahren. Resilienz ist eine wichtige Eigenschaft, die es Menschen ermöglicht, in schwierigen Zeiten widerstandsfähig zu bleiben und ihr Leben positiv zu gestalten (z. B. Southwick/Charney 2018).

In Bezug auf Beeinflussung in Sozialen Medien durch Influencer*innen verstehen wir im vorliegenden Manual Resilienz wie folgt:

» *Resilienz* im Kontext Sozialer Medien bezieht sich auf…

… die Fähigkeit der Social Media-Nutzer*innen, die dargebotenen Inhalte und Botschaften von Influencer*innen kritisch zu hinterfragen, zu widerstehen und sich vor unangemessener Manipulation und ungesundem Verhalten zu schützen. Dabei geht es nicht darum, Influencer*innen grundsätzlich abzulehnen oder ihre Meinungen zu ignorieren. Stattdessen geht es darum, eine ausgewogene Perspektive zu bewahren, bewusste Entscheidungen zu treffen und sich nicht von Beeinflussungsversuchen in Sozialen Medien negativ beeinträchtigen zu lassen. Resiliente Nutzer*innen können ihre eigenen Werte und Überzeugungen bewahren, während sie gleichzeitig von den positiven Aspekten der Sozialen Medien und der Interaktion mit Influencer*innen profitieren.

Die Entwicklung von Resilienz im Kontext Sozialer Medien und Beeinflussung durch Influencer*innen ist wichtig, um Risiken zu erkennen und ihnen ausweichen zu können und gleichzeitig die psychische und physische Gesundheit zu schützen. Es geht darum, sich den Herausforderungen in Sozialen Medien bewusst zu sein und aktive Schritte zu unternehmen, um mit ihnen umzugehen, anstatt sich von ihnen überwältigen zu lassen. Dabei ist es wichtig zu beachten, dass Resilienz keine angeborene Eigenschaft ist, sondern *eine* Fähigkeit, *die* im Laufe des Lebens *entwickelt* werden kann. Jugendliche können durch Unterstützung, Förderung und angemessene Bewältigungsstrategien ihre Resilienz stärken und dadurch besser in der Lage sein, mit den Herausforderungen des Lebens und denen in Sozialen Medien umzugehen.

3 Überblick über Interventionen zur Resilienzförderung bei Jugendlichen

Für die Ableitung von Interventionsansätzen zur Förderung von Resilienz bei Jugendlichen gegenüber Beeinflussung durch Influencer*innen ist es notwendig, sich in einem ersten Schritt auf einer theoretischen Basis mit den Begriffen der Prävention, Intervention und Resilienzförderung auseinanderzusetzen.

3.1 Prävention und Intervention

Laut Hager und Hasselhorn (2000) können mit psychologischen Interventionsmaßnahmen vor allem vier Funktionen verbunden werden: Sie können der *allgemeinen Förderung* dienen, *ohne* dass ein spezielles oder allgemeines Defizit bei den zu behandelnden Personen vorliegen muss. Zweitens können sie zur *Prävention* von zukünftig zu erwartenden oder zu befürchtenden Defiziten in den Bereichen *Erleben* und Verhalten eingesetzt werden. Drittens können sie *kurativ* verwendet werden und manifest gewordenen Defiziten oder Störungen im Erlebens- oder Verhaltensbereich dienen. Viertens können sie auch Anwendung im Zusammenhang mit der *Rehabilitation finden*, um Fähigkeiten oder Fertigkeiten, die durch Krankheit oder Störung verlorengegangen sind, wiederaufbauen. Um Resilienz gegenüber der Beeinflussung in Sozialen Medien zu fördern, eignet sich ein präventiver Interventionsansatz. Dies liegt darin begründet, dass der steigende Medienkonsum (z. B. JIM 2022), aber auch die zunehmende Bedeutung von Influencer*innen-Marketing für Unternehmen (z. B. Jahnke 2021) eine Beeinflussung wahrscheinlicher macht, weshalb von einer Risikosituation für Jugendliche in den Bereichen Erleben und Verhalten ausgegangen werden kann. Darüber hinaus gilt Prävention auch als eine Strukturmaxime der Kinder- und Jugendhilfe (vgl. Werdecker/Esch 2021).

Habermann-Horstmeier und Lippke (2021) verstehen unter Prävention den „Oberbegriff für alle Maßnahmen, die zur Vermeidung des Auftretens, des Fortschreitens und der Verbreitung bestimmter Krankheiten oder Gesundheitsstörungen beitragen und die Entstehung von Folgeerkrankungen und weiteren Einschränkungen aufgrund dieser Krankheiten oder Gesundheitsstörungen verhindern" (ebd., S. 49). Grundsätzlich kann zwischen verschiedenen Formen der Prävention unterschieden werden (s. z. B. Habermann-Horstmeier/Lippke 2021 für den Unterschied zwischen primärer, sekundärer und tertiärer Prävention), wobei im Folgenden lediglich auf die *primäre Form der Prävention* eingegangen wird, deren Maßnahmen auf bislang gesunde Personen zielen, bei denen noch keine Krankheitssymptome festgestellt wurden (Habermann-Horstmeier/Lippke 2021) und die auch nicht einem besonderen Risiko ausgesetzt sind.

3.2 Resilienzförderung

Im vorliegenden Interventionsmanual wird die Förderung von Resilienz als (primäre) Prävention verstanden. Hier geht es um die Verminderung von Risikoeinflüssen und die Erhöhung von Resilienz- bzw. Schutzfaktoren. Für eine gezielte Förderung ist eine systematische und kontinuierliche Vorgehensweise, die sich über einen längeren Zeitraum erstreckt, zentral. In der Vergangenheit hat sich eine *multimodale Form* zudem als gewinnbringend herauskristallisiert, bei der verschiedene Ansätze und Techniken kombiniert werden, um Jugendliche bei der Entwicklung und Förderung von Resilienz zu unterstützen. Es können verschiedene Modalitäten wie kognitive, emotionale, soziale und körperliche Elemente einbezogen werden. In Bezug auf die Resilienzförderung kann die individuelle Ebene, die direkt am Kind ansetzt, von der Beziehungsebene, die sich auf Erziehungs-/Instruktionsqualität bezieht, unterschieden werden (Wustmann/Seiler 2015).

Abschließend soll festgehalten werden, dass sich die Forschung zu Resilienzförderung noch am Anfang befindet und daher kaum empirisch gesicherte Aussagen getroffen werden können (Höfler 2018).

3.3 Konkrete Ansätze zur Förderung der Influencer*innen-Resilienz

Im Folgenden soll eine Übersicht über Interventionsansätze gegeben werden, die eine erfolgreiche Bewältigung kritischer Situationen im Kontext von Influencing bei Jugendlichen ermöglichen sollen. Die bereits vorgestellte Literatur in den Kapitel 2.1 bis 2.3 dient den erarbeiteten Ansätzen als Grundlage. Das Interventionsprogramm Triple P wurde zur Strukturierung der Interventionsansätze als Orientierung herangezogen (www.triplep.de).

Es wird grundsätzlich unterschieden zwischen *personen- und strukturbezogenen Strategien* zur Förderung der Resilienz. In der *personenbezogenen Strategie* kann die Arbeit mit dem Einzelfall von der Zusammenarbeit mit dem umgebenden Milieu unterschieden werden. Im Hinblick auf die Arbeit mit dem *Einzelfall* sind vor allem kognitive (Kurz-)Interventionen sinnvoll. Dazu gehören zum einen die Verminderung von Risikoeinflüssen (z. B. durch Reflektieren über die Beziehung zu Influencer*innen) und zum anderen die Erhöhung von Resilienz- und Schutzfaktoren (z. B. durch das Vermitteln von Wissen über Werbestrategien oder das Fördern von Selbstkontrolle). Das umgebende *Milieu* besteht nicht nur aus den Erziehungsberechtigten. Auch die pädagogischen Fachkräfte, mit denen die Jugendlichen in Kontakt treten, sind in die Resilienzförderung einzubeziehen. Zur Stärkung der Erziehungsberechtigten können Informationsbroschüren, Vortragsreihen, Beratungsangebote und Gruppentrainings unterstützend wirken. Pädagogische Fachkräfte könnten ihre Kompetenz in der Förderung der Influencer*innen-Resilienz bei Jugendlichen durch schriftliche Informationsangebote, Vortragsreihen, Fortbildungsangebote oder Austauschformate mit anderen Fachkräften weiterentwickeln.

Blickt man auf die *strukturbezogenen Strategien*, die bei der Förderung von Resilienz gegenüber Influencer*innen beachtet werden sollten, rücken *Angebote auf kommunaler Ebene* in den Vordergrund. Hierzu zählen z. B. Beratungsangebote im Bereich der Sozialen Medien und des Influencer*innen-Marketings, Jugendhäuser als Ort des Austausches mit anderen Jugendlichen zum Thema Soziale Medien und Influencer*innen-Marketing oder Familienbildungsstätten mit Angeboten zu Sozialen Medien und zum Influencer*innen-Marketing für Erziehungsberechtigte.

Um Synergie-Effekte nutzen zu können, bietet sich eine sinnvolle Vernetzung der Einrichtungen an. Bei strukturbezogenen Strategien sind aber auch *Kommunikations- und Medienkonzepte* zu berücksichtigen. Hierzu zählen regulatorische Eingriffe und Aufklärungskampagnen (z. B. Aufklärungsvideos als Pausenfüller im Fernsehen), die die Risiken des Influencer*innen-Marketing ins Bewusstsein rücken und die Inanspruchnahme von Unterstützung bei möglichen negativen Effekten von Social-Media-Marketing (z. B. Abhängigkeiten) normalisieren.

Das vorliegende Interventionsmanual orientiert sich am personenbezogenen Ansatz und konzentriert sich dabei auf die Einzelfall-Ebene. Dies liegt darin begründet, dass dieser Ansatz direkt am Individuum ansetzt und somit ein unmittelbarer Effekt erwartet wird.

4 Förderung von Influencer*innen-Resilienz

In der Literatur haben sich verschiedene Risiko- und Schutzfaktoren im Hinblick auf Förderung von Resilienz im Kontext sozialer Medien und Influencer*innen als bedeutsam erwiesen (s. auch Vogel et al. 2023). Zu den Schutzfaktoren zählen u. a. Wissen über Werbestrategien (z. B. Rozendaal, Buijzen et al. 2011; Rozendaal, E., Lapierre et al. 2011) sowie Selbstkontrolle (z. B. Reinecker 2015). Zu den Risikofaktoren zählen u. a. die soziale Beziehung zu (z. B. Döring 2013) und die Identifikation mit Influencer*innen (z. B. Döring 2013) sowie Orientierung an materialistischen Werten (z. B. Dodoo/Wu 2019). Auf diese Faktoren wird im Folgenden genauer eingegangen.

4.1 Advertising Literacy

Das Wahrnehmen, Verstehen und Evaluieren von Werbebotschaften wird in der Kompetenz der Advertising Literacy zusammengefasst (Naderer et al. 2021). Diese notwendigen Fähigkeiten, um mit Werbung umgehen zu können, sind vor allem bei Kindern und Jugendlichen nicht besonders gut ausgeprägt, da sich ihre kognitiven Fähigkeiten noch im Aufbau befinden und sie über wenig Erfahrung mit Werbebotschaften verfügen (Naderer et al. 2021).

Da sich die Medienlandschaft ständig weiterentwickelt und Persuasionsabsichten immer mehr mit den unterhaltsamen und informativen Inhalten verschwimmen, wird die Kompetenz der Advertising Literacy ständig vor neue Herausforderungen gestellt (Naderer et al. 2021).

Im Kontext von Influencer*innen-Marketing muss daher neu definiert werden, welche Dimensionen unter der Kompetenz der Advertising Literacy subsumiert werden. So ist es nicht nur wichtig, die Werbung von Influencer*innen zu erkennen. Es ist auch wichtig zu wissen, welche Persuasionsabsichten Influencer*innen haben und welche Strategien sie hierfür anwenden. Insgesamt ist es wichtig zu verstehen, welches ökonomische Modell hinter dem Beruf eines Influencers/einer Influencerin steckt. Die Reflexion der Beeinflussung durch Influencer*innen ist zudem sinnvoll (Boermann et al. 2018). Neben diesen Dimensionen, die sich einer konzeptuellen Komponente von Advertising Literacy zuordnen lassen, ist auch die einstellungsbezogene Komponente von Bedeutung. So ist es wichtig, eine Skepsis gegenüber Influencer*innen-Marketing aufzuweisen, die Angemessenheit dieses Phänomens zu hinterfragen und die Zustimmung zu dieser Werbeform zu überdenken (Boermann et al. 2018). In einem letzten Schritt ist es dann in einer anwendungsbezogenen Komponente wichtig, Widerstandsstrategien gegenüber Influencer*innen-Marketing einzusetzen. Hier kann es helfen, Influencer*innen-Marketing komplett zu vermeiden oder die gesehenen Inhalte zumindest zu hinterfragen. Zudem kann es sinnvoll sein, sich selbst zu bestärken, wenn Persuasionsabsichten verunsichern (Fransen et al. 2015).

Erste Studien konnten zeigen, dass Advertising Literacy die negativen Risiken von Influencer*innen-Marketing abschwächt. So weisen zum Beispiel Jugendliche, die ein Training zu Advertising Literacy erhalten haben, eine geringere Kaufabsicht auf, nachdem sie eine Werbebotschaft gesehen haben, als Jugendliche, die kein Training erhalten hatten (De Jans 2018).

In einer Studie von Vogel et al. (2023) konnten die Kompetenz der Advertising Literacy ebenfalls untersucht werden. Hier zeigte sich, dass Jugendliche, die häufiger mit Influencer*innen-Marketing konfrontiert wurden, häufiger Kaufimpulse verspüren. Allerdings wurde dieser Zusammenhang abgeschwächt, wenn Jugendliche eine höhere Advertising Literacy aufweisen. Zudem wurden die von Influencer*innen beworbenen Produkte von Jugendlichen mit höherer Advertising Literacy weniger positiv bewertet, was auf eine skeptischere Haltung schließen lässt.

4.2 Parasoziale Beziehung zu Influencer*innen und wünschenswerte Identifikation

Ursprünglich haben Horton und Wohl (1965) den Begriff *Parasoziale Interaktion* als die scheinbar wirklich existierende, interpersonelle Beziehung zwischen einer Rezipientin und einer medialen Person definiert. Diese empfundene Beziehung kann die eigenen Einstellungen beeinflussen, da sie sich wie eine reale Freundschaft anfühlen kann (Eyal/Dailey 2012). Währenddessen bezeichnet *wünschens-*

werte Identifikation (engl. Wishful Identification) das Verlangen, so zu sein bzw. in der gleichen Weise zu handeln wie ein medialer Charakter (Hoffner 1996; Hoffner/Buchanan 2005).

Diese Begriffsverständnisse bezogen sich ursprünglich auf Personen aus dem Fernsehen (Hoffner 1996; Hoffner/Buchanan 2005; Horton/Wohl 1965). Sie lassen sich heute auch auf parasoziale Beziehungen und wünschenswerte Identifikation zu Influencer*innen in den Sozialen Medien ausweiten. Immer mehr Kinder und Jugendliche fühlen sich Influencer*innen freundschaftlich verbunden und sehen sie als Vorbilder (Hwang/Zhang 2018; Van Dam/Van Reijmersdal 2019). Influencer*innen sind meist ebenfalls noch jung und stellen sich zudem besonders sympathisch und attraktiv und ihren Lebensstil als wünschens- bzw. erstrebenswert dar. Kinder und Jugendliche nehmen sie deswegen als gleichgesinnt und zugänglich bzw. nahbar wahr (De Veirman et al. 2019; Sweeney et al. 2021). Aus diesen Gründen sind parasoziale Beziehungen und wünschenswerte Identifikation wichtige Moderatoren zwischen Influencer*innen-Marketing und dem Konsumverhalten von Jugendlichen und gelten als Risikofaktoren. Die empfundene Beziehung und Nähe zu Influencer*innen macht diese zu einer wichtigen Informationsquelle (Rubin et al. 1985), denn sie wird als sehr vertrauenswürdig und glaubwürdig empfunden (Jin et al. 2019; Schouten et al. 2020). Durch die Identifizierung der Jugendlichen mit Influencer*innen steigt zudem das Bedürfnis, diese nachahmen zu wollen (De Veirman et al. 2019; Kelman 1961). Dies lässt sich auch mit der Theorie des sozialen Lernens bzw. mit Modelllernen erklären (Bandura 1966): So sind Jugendliche eher bereit, die Produkte zu kaufen, die die Influencer*innen vor laufender Kamera ausprobieren und erwähnen, diese selbst gern zu nutzen (Naderer et al. 2018; Schouten et al. 2020; Uzunoglu/Kip 2014). Zudem kann die positive Meinung über die Influencer*innen leichter auf die Produkte übergehen (De Droog et al. 2012) und deren Glaubwürdigkeit kann die Kaufentscheidung beeinflussen bzw. den Werbeeffekt erhöhen (Schouten et al. 2020).

Die Forschung hat gezeigt, dass sich diese Mechanismen tatsächlich im Konsumverhalten der Jugendlichen widerspiegeln: Lee und Watkins (2016) fanden heraus, dass Vlogs, d. h. Videos von Influencer*innen, z. B. in Form von Bewertungsvideos von Produkten, die Markenwahrnehmungen und Kaufintentionen von Jugendlichen positiv beeinflussten. Diese Beeinflussung war stärker, wenn diese eine hohe parasoziale Beziehung zu den Vloggern nannten (Lee/Watkins 2016). Weitere Untersuchungen stützen den Einfluss von parasozialer Beziehung und wünschenswerte Identifikation auf Kaufintentionen (Bi/Zhang 2023; De Jans et al. 2019; Schouten et al. 2020, siehe auch De Veirman et al. 2019; Vrontis et al. 2020). Ergebnisse im Rahmen der Studie von Vogel et al. (2023) zeigten ebenfalls, dass parasoziale Beziehungen und der Wunsch nach Identifikation den Zusammenhang zwischen SMI-Marketing des Lieblingsinfluencers/der Lieblingsinfluencerin und Komponenten des maladaptiven Konsumverhaltens der befragten Jugendlichen signifikant erhöhen. Das heißt, dass Jugendliche, welche eine höhere parasoziale Beziehung zu ihren Lieblingsinfluencer*innen bzw. einen erhöhten Wunsch nach Identifikation nannten, mehr maladaptive Gedanken und Gefühle vor einem Kauf eines durch SIM-Marketing beworbenen Produktes sowie interpersonelle Probleme in Bezug auf den Konsum dieser Produkte nannten.

4.3 Materialismus

Das Konzept Materialismus beschreibt eine grundlegende Werteorientierung, bei der materielle Güter und finanzielle Ressourcen als wesentlich für das eigene Wohlbefinden, die persönliche Identität und den sozialen Status angesehen werden. Diese psychologische Orientierung kann unterschiedlich hoch oder niedrig ausgeprägt sein und kann das Konsumverhalten sowie Emotionen und Entscheidungen von Personen in verschiedensten Lebensbereichen beeinflussen. Menschen mit einer hohen materialistischen Werteorientierung empfinden den Erwerb und Besitz von Konsumgütern als zentrale Voraussetzung für die Erfüllung ihrer Lebensziele (Parker et al. 2020; Richins 2017).

Aktuelle Forschungsergebnisse zeigen einen klaren Zusammenhang zwischen hohen materialistischen Werteorientierungen und niedrigerem Wohlbefinden in verschiedenen Kulturen und über Persönlichkeitsmerkmale hinweg (Dittmar et al. 2013). Besonders Kinder und Jugendliche, die bei ihrer Identitätsentwicklung stark auf materielle Ressourcen zurückgreifen, neigen zu einem niedrigeren Selbstwertgefühl, stärkeren Gefühlen von Unsicherheit und Selbstzweifel während ihrer Entwicklung.

Während immaterielle Ressourcen wie persönliche Kompetenzen und Fähigkeiten stark mit dem Selbst verbunden sind, werden materielle Güter von außen bezogen und sind zudem von externen Einflüssen und Trends beeinflusst. Dies führt dazu, dass Kinder und Jugendliche, die ihren Selbstwert aus materiellen Dingen beziehen, nicht nur zu ungesundem Konsumverhalten, sondern auch zu einer instabileren Selbstwahrnehmung neigen, als solche, die ihre persönliche Identität aus internen, immateriellen Konzepten wie zwischenmenschlichen Beziehungen und persönlichen Kompetenzen ziehen (e.g., Dittmar et al. 2013; Fournier/Richins 1991; Richins 2017).

Materialistische Denkweisen werden neben Tendenzen des familiären Umfelds und dem Einfluss von Peergroups besonders durch Werbungen in Medien geschürt (Richins 2017). Werbespots im Fernsehen fördern beispielsweise materialistische Werte, indem sie zu bewerbende Produkte meist gemeinsam mit glücklichen, attraktiven Menschen präsentieren und somit implizieren, dass das angepriesene materielle Produkt das Wohlbefinden und die Lebensqualität der Konsumierenden steigert. Darüber hinaus kann die wiederholte Konfrontation mit idealisierten Bildern von Erfolg und Wohlstand, wie sie häufig in Werbungen vorkommen, die Erwartungen von jungen Menschen und Kindern an ihren eigenen Besitz verzerren und zu großer Unzufriedenheit mit der eigenen Situation führen.

Studienergebnisse (z. B. Vogel et al. 2023) deuten darauf hin, dass Materialismus als Persönlichkeitsmerkmal den Zusammenhang zwischen SMI-Marketing des Lieblingsinfluencers/der Lieblingsinfluencerin und dem maladaptiven Konsumverhalten der befragten Jugendlichen signifikant verstärkte. In anderen Worten bedeutet dies, dass Jugendliche mit höherer materialistischer Werteorientierung ein höheres Potenzial für schädigendes Konsumverhalten aufweisen, welches durch Marketing ihres Lieblingsinfluencers/ihrer Lieblingsinfluencerin induziert wurde, als Jugendliche mit einer niedrigeren materialistischen Werteorientierung.

4.4 Selbstkontrolle

Selbstkontrolle wird definiert als die Fähigkeit zur Selbstregulation, die es ermöglicht, Versuchungen zu widerstehen, impulsive Handlungen zu vermeiden und Entscheidungen im Einklang mit den eigenen Werten und Zielen zu treffen (Rachlin 1974). Die Selbstkontrolle basiert auf einem komplexen Zusammenspiel zwischen kognitiven Prozessen, Emotionsregulation und Verhaltenssteuerung. Sie beruht auf der Fähigkeit, Aufmerksamkeit zu lenken, kognitive Ressourcen zu mobilisieren und Impulse zu hemmen. In der frühen Kindheit sind Kinder noch nicht in der Lage, ihre Impulse effektiv zu kontrollieren. Im Laufe der Entwicklung verbessert sich jedoch die Fähigkeit zur Selbstregulation (s. auch Lohaus/Glüer 2019).

Ein gesunder Umgang mit Sozialen Medien erfordert eine effektive Selbstkontrolle, um den negativen Einflüssen wie exzessivem Konsum, sozialem Vergleich und Cybermobbing entgegenzuwirken. Hohe Selbstkontrolle ermöglicht es, bewusste Entscheidungen darüber zu treffen, wie viel Zeit wir in Sozialen Medien verbringen, welche Inhalte wir konsumieren und wie wir auf Interaktionen reagieren möchten (Hofmann et. al 2016). Verschiedene Strategien und Techniken können dabei helfen, die Selbstkontrolle zu verbessern. Dazu gehören beispielsweise das Setzen klarer Ziele, die bewusste Kontrolle von Gedanken und Emotionen, die Vermeidung von Versuchungssituationen und die Entwicklung von Routinen (Althammer/Michel 2020).

4.5 Abgrenzung zu anderen Programmen

Das vorliegende FaIR-Manual ist nach unserem Kenntnisstand das erste deutschsprachige Interventionsmanual, das sich direkt mit der Förderung von Resilienz und Medienkompetenz von Jugendlichen im Kontext von Influencer*innen-Marketing auf Sozialen Medien befasst. Die vorliegenden Interventionsmodule haben das Ziel, den Jugendlichen notwendige Ressourcen für eine kritische Reflexion von Werbeinhalten auf Sozialen Medien an die Hand zu geben und sie gegen Beeinflussungsversuche durch Influencer*innen zu stärken. Anders als in bisher veröffentlichten Trainingsmanualen (z. B. PROTECT; Lindenberg et al. 2020) zielt das vorliegende Training nicht auf den Umgang mit pathologischem Konsumverhalten von Jugendlichen in Online-Medien ab; vielmehr geht es um die alltägliche Begegnung mit potenziell beeinflussenden Marketing-Taktiken auf Social-Media-Apps wie Instagram, TikTok oder YouTube, die von Influencer*innen übermittelt werden.

Mittlerweile scheint die Anzahl an Trainingsprogrammen, die sich mit der Kompetenzvermittlung an Jugendliche im Bereich Online-Medien beschäftigen, stetig zu wachsen. So stellen Google und Microsoft Infobroschüren und Unterrichtsmaterial bereit, um junge Menschen über den Umgang mit der eigenen Privatsphäre und Themen wie Cyber-Mobbing und Anfeindungen im Internet aufzuklären (z. B. „Be Internet Awesome“ von Google Inc.; Microsoft Digital Literacy Resources). Weitere Anbietende verfolgen das Ziel, mithilfe empirisch fundierter Interventionsprogramme Jugendliche zu „digitaler Resilienz“ zu befähigen und einen reflektierten Umgang mit TV- und Internet-Werbung zu fördern (z. B. Childnet o. J.; Center for Media Literacy 2005). Trotz des wachsenden Bewusstseins für Soziale Medien als mögliche Quelle problematischen Konsumverhaltens und der immer wichtiger werdenden Rolle von Influencer*innen als relevante Vorbilder für Jugendliche fehlte bisher ein Interventionsprogramm, das sich mit genau diesen Themen auseinandersetzt. Hier setzt das vorliegende „FaIR“-Manual an, indem es einen besonderen Fokus auf das Erkennen, Verstehen und die kritische Auseinandersetzung mit versteckten sowie gekennzeichneten Werbebotschaften legt, die von Influencer*innen auf Sozialen Medien verwendet werden.

5 Zielgruppe und Rahmenbedingungen des FaIR-Trainings

5.1 Zielgruppe

Viele Kinder besitzen mit zwölf Jahren schon ein internetfähiges Smartphone und nutzen Social-Media-Plattformen (BZgA 2019). Sie verbringen viel Zeit mit der Rezeption der Inhalte von Influencer*innen (Steven 2018). Doch gerade Jüngere haben Schwierigkeiten, Werbung von Influencer*innen als solche zu erkennen (z. B. De Veirman 2019). Zudem ist die Orientierung an materialistischen Werten, die auch im Kontext von Influencing negative Folgen mit sich bringen kann, bei Kindern und Jugendlichen besonders hoch (Kap. 2.4.3). Aber auch die Entwicklung von Selbstkontrolle, die im Umgang mit Sozialen Medien hilfreich sein kann, kann vor allem im Jugendalter unterstützt werden (Kap. 2.4.4). Daher ist die Zielgruppe dieses präventiven Trainingsansatzes auf 12- bis 16-Jährige ausgelegt, um Kinder schon frühzeitig in ihrer Smartphone- und Social-Media-Nutzung zu schulen.

5.2 Rahmenbedingungen

Das Manual richtet sich an erfahrene Fachkräfte der (Sozial-)Pädagogik, die eine fundierte (sozial-)pädagogische Ausbildung oder entsprechende Erfahrungen, insbesondere im Umgang mit Jugendlichen, mitbringen.

Die Haltung der Fachkräfte orientiert sich an der für die in der systemischen Beratung als wichtig erachteten Haltungen (u. a. Hettler/Görzen 2020). Für das vorliegende Manual sind insbesondere die folgenden Haltungen zentral: So sollten den Einstellungen, Handlungen, Bedürfnissen und Problemlagen von jungen Menschen *mit Wertschätzung* begegnet werden. Es kann davon ausgegangen werden, dass junge Menschen Ressourcen gerade im Hinblick auf Resilienz und Beeinflussung durch Soziale Medien bereits besitzen und diese erkannt und gestärkt werden müssen. Demnach gilt es, eine *ressourcenorientierte Haltung* einzunehmen. Weil es in den meisten Fällen schwer ist, die Motivation für bestimmte Handlungen direkt zu erkennen, sollte den jungen Menschen mit *Neugierde* begegnet werden. Die aus der Neugierde entstehenden Fragen sollen den jungen Menschen zum Nachdenken und Reflektieren anregen (für weitere Informationen siehe Hettler/Görzen 2020).

Die Durchführung der Module ist idealtypisch in einem strukturierten Gruppentraining angedacht. Somit sind die entwickelten Materialien insbesondere für die Durchführung im Schulsetting geeignet (z. B. für Fachkräfte der Schulsozialarbeit). Weitere Einsatzgebiete, wie zum Beispiel die offene Kinder- und Jugendarbeit, sind darüber hinaus denkbar.

Des Weiteren kann die Nutzung einzelner Module und Kernelemente der Module gelingen. Hierbei können die beschriebenen Aufgaben als Impulse für die Arbeit mit jungen Menschen zum Thema Beeinflussung in Sozialen Medien verstanden werden.

Im Folgenden finden Sie eine ausführliche Beschreibung, wie Resilienzförderung im Kontext von Social-Media-Marketing als strukturiertes Gruppentraining durchgeführt werden kann. Außerdem werden Hinweise beschrieben, wie einzelne Module oder Teile der Module für die Arbeit mit Jugendlichen in einem offeneren Setting verwendet werden können, indem Kernelemente der Module herausgestellt werden.

5.3 Durchführung als strukturiertes Gruppentraining

5.3.1 Gruppenzusammensetzung und -größe

Ähnlich wie in anderen Trainingsmanualen, die speziell für den schulischen Kontext adaptiert oder entwickelt wurden (z. B. Marksteiner/Hettler 2023), richtet sich die Gruppengröße nach der Größe einer Schulklasse. Somit wird von einer durchschnittlichen Gruppengröße von 30 Jugendlichen ausgegangen. Die Materialien zum Training wurden mit zwei Schulklassen in ähnlicher Gruppengröße vorgetestet und entsprechend adaptiert.

Wenn es möglich ist, dass eine Lehrkraft und eine Schulsozialarbeitsfachkraft das Training gemeinsam durchführen, kann die Gruppe bei Bedarf auch geteilt werden. Eine Teilung der Gruppe eignet sich insbesondere bei Übungen, bei denen die Jugendlichen nur schwer als Gruppe Materialien bearbeiten können und es sich eher um mehrere „Einzelsettings“ handelt (z. B. Systemische Aufstellung, Modul 4).

Grundsätzlich gilt, dass eine kleinere Gruppengröße von Vorteil ist, insbesondere bei einer herausfordernden Gruppenkonstellation (z. B. mit verhaltensauffälligen Jugendlichen) und wenn Inhalte intensiv besprochen werden sollten.

5.3.2 Materialien

Die vorliegenden Materialien wurden auf Grundlage etablierter pädagogischer und psychologischer Theorien und Interventionen entwickelt und mit Fachkräften aus der Praxis in verschiedenen Formaten diskutiert und bewertet. Ausgewählte Materialien wurden mit zwei Schulklassen mit 13- bis 14-jährigen Schüler*innen einer Gesamtschule getestet und anschließend nochmals adaptiert.

Für die Durchführung des strukturierten Gruppentrainings befinden sich zu den Modulen Materialblätter zum Ausfüllen sowie Materialblätter mit Anleitungshinweisen im Anhang des Manuals. Es empfiehlt sich, die Materialblätter im Vorfeld einmal durchzusehen, um ggf. individuelle Anpassungen für die Gruppe der Teilnehmenden vornehmen zu können. Anschließend sollten die Dokumente für die Teilnehmenden ausgedruckt werden.

Um die Materialien übersichtlich und zum Nachschlagen sammeln zu können, empfiehlt es sich, dass die Teilnehmenden entweder selbst einen Schnellhefter mitbringen oder einen zur Verfügung gestellt bekommen.

5.3.3 Räumlichkeiten

Es empfiehlt sich, Räumlichkeiten zu wählen, bei denen es möglich ist, Stühle und Tische individuell zu verschieben. Dies ist insbesondere dann von Vorteil, wenn Diskussionen im Plenum geführt werden. Des Weiteren sind große Räume zu bevorzugen, insbesondere um eine effektive Durchführung von Arbeiten in Kleingruppen gewährleisten zu können.

5.4 Durchführung in Modulen und mit Modulkernen

Wenn angedacht ist, mit Jugendlichen in einem strukturierten Setting zu arbeiten, oder wenn aus pädagogischer Sicht das Arbeiten mit ausgewählten Modulen oder nur mit den Modulkernen sinnvoll ist, empfiehlt es sich, vorab einen individuellen Ablaufplan aufzustellen. Da die Module aufeinander aufbauen, werden in einigen Modulen Kompetenzen oder Reflexionen aus vorherigen Modulen vorausgesetzt. Daher ist es besonders wichtig, sich als Durchführende*r die Inhalte der ausgelassenen Module während der Vorbereitung anzuschauen. Auch in diesem Setting sollten die Materialblätter ggf. vorab an die Gruppe der Teilnehmenden angepasst und in Papierform zur Verfügung stehen.

Einzelsettings sind denkbar, müssen aber im Vorfeld gut vorbereitet werden. Viele Arbeiten sind für ein Plenum oder für Kleingruppen angedacht und nicht ohne Weiteres auf die Arbeit in Einzelsettings übertragbar, da in Gruppensettings eine ganz andere Dynamik und Wechselwirkung vorherrscht.

6 Vorbereitung und Durchführung des strukturierten Gruppentrainings

6.1 Vorbereitungen

Generell sollte das Training gut vorbereitet werden. Hierzu empfiehlt es sich, alle Module sowie die dazugehörigen Anleitungen und Arbeitsblätter durchzulesen. Die Anweisungen und insbesondere die Arbeitsblätter sollten im Vorfeld ausgedruckt werden. Sollten Sie parallel eine Wirkungsanalyse durchführen wollen, sollte das Einverständnis der Eltern der teilnehmenden Jugendlichen eingeholt werden. Außerdem ist es sinnvoll, dass jede*r Teilnehmer*in einen Schnellhefter zum Sammeln der Arbeitsblätter hat. Im Zuge der Vorbereitung sollte die Dynamik der Gruppe im Blick behalten werden und ggf. pädagogisch sinnvolle Anpassungen der Arbeitsblätter oder Trainingsschritte vorgenommen werden. Im Folgenden werden alle Module des FaIR-Trainings vorgestellt.

6.2 Modul 1 – Kompetenz im Umgang mit Werbestrategien I

Das erste Modul fördert die Kompetenz im Umgang mit Werbestrategien. Es ist in sieben Trainingseinheiten unterteilt (Tab. 1). Da es sich um das erste Modul handelt, ist hier im ersten Trainingsschritt die Vorstellung des Projektes eingeplant.

Der Kern des Moduls ist das Bewusstwerden und Erkennen von Werbung und Werbestrategien (Trainingsschritt 3 bis 5) von Influencer*innen und das Reflektieren über gezielte Bewerbung von Produkten durch Influencer*innen (Trainingsschritt 6).

1. Begrüßung, Aktivierung des Vorwissens und Vorstellung des Projektes: Zunächst werden die Jugendlichen freundlich begrüßt und die Trainer*innen stellen sich in maximal drei Sätzen vor. Anschließend wird den Teilnehmenden erläutert, wieso das Training durchgeführt wird (AN 1.1). Dann wird der Ablauf des gesamten Trainings skizziert. Abschließend wird dargelegt, wie die erste Einheit des Trainings abläuft. Durch diese einführenden Worte können die Jugendlichen nachvollziehen, wieso das Training durchgeführt wird. Zudem wissen sie, was auf sie zukommt. Es ist zu Beginn des Trainings wichtig, die Jugendlichen in ihrer Lebenswelt abzuholen. Hierzu kann eine Vorstellungsrunde mit ergänzenden Fragen sinnvoll sein. Folgende Fragen können beispielsweise verwendet werden:
   - Welche Sozialen Medien nutzt ihr?
   - Wer ist eure Lieblingsinfluencerin/euer Lieblingsinfluencer?
   - Welche Inhalte findet ihr in den Sozialen Medien besonders interessant?
   - Habt ihr schonmal etwas gekauft, das ihr bei einem Influencer/einer Influencerin gesehen habt?

Durch diese einleitenden Fragen hat der/die Trainer*in die Möglichkeit zu erfahren, wie die Jugendlichen Soziale Medien nutzen und wie sie der Beeinflussung durch Influencer*innen ausgesetzt sein könnten. Diese ersten Erzählungen der Jugendlichen bilden dann die Grundlage für die weitere Arbeit mit den Jugendlichen und man kann die Inhalte der Einheiten hier immer wieder rückbeziehen.

2. Begrüßungsritual: Immer zu Beginn einer Einheit wird ein Begrüßungsritual durchgeführt, durch das den Jugendlichen das Ankommen erleichtert werden soll. Das Begrüßungsritual kann auch zur (kognitiven) Aktivierung der Jugendlichen genutzt werden. Das regelmäßige Durchführen eines Begrüßungsrituals erhöht auch die Wahrscheinlichkeit für eine reibungslose Durchführung des Trainings. Das Begrüßungsritual sollte individuell auf die Gruppe abgestimmt sein. Wir empfehlen die Verwendung von Achtsamkeitsübungen oder Meditationen im Rahmen des Begrüßungsrituals, da diese bereits relevante Fähigkeiten wie die Selbstregulation und Emotionskontrolle begünstigen können, und somit die spezifischen Ziele des Trainings unterstreichen. Studien zeigen, dass durch Achtsamkeitsübungen die Emotionsregulation der Jugendlichen gesteigert werden kann, indem die Selbstkontrolle der Jugendlichen trainiert wird (z. B. Teper et al. 2013). Vorstellbar sind eine der beiden folgenden Übungen, die auch durch andere Achtsamkeitsübungen oder Mediationen ersetzt werden können. Bei der Übung „Körperwahrnehmung“ soll die Aufmerksamkeit auf den eigenen Körper gelenkt werden und die eigene Körperwahrnehmung aktiviert werden, indem der gesamte Körper abgeklopft wird (AN 1.2). Das ist eine be-

währte Methode, den Körper zu aktivieren und die Aufmerksamkeit auf den eigenen Körper zu lenken. Eine weitere Möglichkeit ist die „Geh-Meditation“. In der Bewegung sollen Geist und Körper miteinander „verschmelzen“, so wird die Achtsamkeit für den eignen Körper gestärkt (s. AN 1.2). Die Schwierigkeit der Übungen steigert sich über den Verlauf des Trainings hinweg. Grundsätzlich ist es abhängig von der Gruppe, ob es aus pädagogischer Sicht sinnvoll ist, ein derartiges Begrüßungsritual durchzuführen oder sich für ein anderes als wiederkehrenden Einstieg in die Sitzungen zu entscheiden.

3. Spiel: Werbung von Influencer*innen erkennen. Dieses Spiel bietet die Möglichkeit, zu erfahren, wie viel die Jugendlichen über Werbung von Influencer*innen und vor allem die Kennzeichnungspflicht von Werbung wissen. Die Szenarien können den Jugendlichen vorgelesen werden (MB 1.1) und nach jedem Beispiel sollen sich die Jugendlichen, je nach Einschätzung, zu einem der beiden Pole (Ja vs. Nein) stellen. Nachdem die Jugendlichen ihre Einschätzung vorgenommen haben, können sie danach gefragt werden, wieso sie sich so entschieden haben. Danach gibt es eine Auflösung, die eine Erklärung beinhaltet. Die Jugendlichen erhalten das Arbeitsblatt mit den Lösungen als Handout und können es in ihrem Ordner abheften. Mithilfe dieses Spiels soll den Jugendlichen bewusst gemacht werden, was sie noch nicht alles über die Werbung von Influencer*innen wissen. Am Ende des Spiels kann auf den Leitfaden zur „Werbekennzeichnung bei Online-Medien“ der Medienanstalten verwiesen werden, der die Kennzeichnungspflicht nochmals genauer erklärt (MB 1.1). Um einen Bezug zu den Erfahrungen der Jugendlichen herzustellen, können im Rahmen der Übung auch die folgenden Fragen eingesetzt werden:
   » Wer wusste denn bereits über die Kennzeichnungspflicht Bescheid?
   » Wem ist die Kennzeichnung von Werbung bereits aufgefallen?
   » Wer kann ein Beispiel nennen, wie die Kennzeichnung der Werbung umgesetzt wurde?

4. Werbe-Strategien von Influencer*innen: Die Jugendlichen werden in Kleingruppen eingeteilt. Sie sollen gemeinsam darüber diskutieren, welche Strategien Influencer*innen verwenden, wenn sie Werbung für ein Produkt machen. Hier ist es wichtig, die verschiedenen Sozialen Medien zu beachten und sich nicht auf ein zentrales Medium zu konzentrieren. Auch die unterschiedlichen Formate innerhalb eines Mediums sind zu beachten. Es können folgende Fragen hilfreich sein:
   » Welche Werbung habt ihr bei Influencer*innen schonmal gesehen?
   » Was glaubt ihr, wie die Influencer*innen euch von einem Produkt überzeugen möchten?

» Was sollten Influencer*innen auf jeden Fall machen, wenn sie euch von einem Produkt überzeugen möchten?
» Was sollten Influencer*innen auf keinen Fall machen, wenn sie euch von einem Produkt überzeugen möchten?

Falls es möglich ist, dass die Jugendlichen ihre Handys nutzen und Internetzugang haben, können sie sich Beispiele von Influencer*innen-Marketing ansehen und hier nachschauen, welche Strategien sie bei den Influencer*innen erkennen können. Das Sammeln der Strategien dient dazu, Vorwissen bei den Jugendlichen zu aktivieren. So kann der/die Trainer*in einen Überblick darüber erhalten, wo die Jugendlichen inhaltlich stehen. Es kann nicht nur erkannt werden, was die Jugendlichen zu diesem Thema bewegt, sondern es gibt auch einen Anhaltspunkt darüber, auf welchem Kompetenzniveau das Training anknüpfen kann.

5. Werbe-Strategien von Influencer*innen: Äußerungen der Jugendlichen ergänzen. Diese Übung findet im Plenum statt. Auf einem Plakat werden die Werbe-Strategien von Influencer*innen gesammelt, die die Jugendlichen schon kennen. Hier kann das Plakat als Ergebnissicherung der Kleingruppenarbeit dienen. Das Wissen zu den Strategien von Influencer*innen soll nun durch einen Input des Trainers/der Trainerin ergänzt werden. Hierfür sind Anregungen (z. B. Quesenberry 2020) zusammengestellt s. AN 1.3). Falls noch Zeit bleibt (und noch nicht geschehen), könnte man die Jugendlichen in den Sozialen Medien nach konkreten Beispielen zu den gesammelten Strategien suchen lassen. Wenn Beispiele gefunden wurden, sollen diese entweder im Medium selbst oder als Screenshot gesichert werden. In der zweiten Einheit zu Advertising Literacy kann dann mit den Beispielen weitergearbeitet werden. Die Ergänzung durch den/die Trainer*in soll das vorhandene Wissen der Jugendlichen ergänzen und somit erweitern. Das Plakat dient der Ergebnissicherung und kann in den darauffolgenden Einheiten immer wieder herangezogen werden.

6. Angebote für Influencer*innen: Diese Aufgabe soll den Jugendlichen verdeutlichen, dass Influencer*innen „käuflich“ sind. Das bedeutet, dass sie nicht nur die Produkte bewerben, die sie ohnehin gut finden. Vielmehr machen sie für die Produkte Werbung, für die sie viel Geld bekommen. Einzelne Jugendliche sollen daher fiktive Angebote für Influencer*innen vorlesen (MB 1.2) und alle sollen sich in Einzelarbeit überlegen, ob sie das Angebot annehmen würden oder eher nicht. Falls genug Zeit bleibt, kann dann auch über die Beispiele diskutiert werden. Abschließend könnte dann festgehalten werden, welche Kriterien wohl in die Entscheidung für oder gegen die Annahme eines Angebotes einfließen. Das könnten z. B. die Folgenden sein:

- Höhe der Vergütung, eigene finanzielle Situation, eigene Routinen/Verhaltensweisen (Würde die Person das Produkt selbst auch nutzen?)
- eigene Werte/Überzeugungen, Produktionsbedingungen, Inhaltsstoffe der Produkte, eigene Gesundheit/Gesundheit der Follower*innen
- Anweisung der Firma/Organisation, was genau in der Werbung gesagt werden soll?

7. Abschlussritual: Für einen routinierten Abschluss der Einheiten wird das Abschlussritual eingeführt. Es soll den Jugendlichen helfen, den eigenen Lernfortschritt zu reflektieren. In Form eines Blitzlichtes wird gesammelt, was die Jugendlichen aus der Sitzung mitnehmen. Hier können die folgenden Reflexionsfragen sinnvoll sein:
   - Was war in der heutigen Einheit besonders interessant?
   - An welchen Teil der heutigen Einheit könnt ihr euch noch besonders gut erinnern?
   - Was werdet ihr in Zukunft anders machen?

Die Antworten der Jugendlichen werden auf einem Plakat festgehalten. Das Plakat soll zu jeder Einheit mitgebracht und ergänzt werden. In der letzten Einheit wird dann auf das Plakat geblickt und jede Einheit mit ihren Inhalten nochmals ins Gedächtnis gerufen.

Checkliste: Modul 1 – Kompetenz im Umgang mit Werbestrategien I

- AN 1.1, AN 1.2, AN 1.3
- MB 1.1, MB 1.2
- Leere Plakate, Stifte

Tabelle 1: Übersicht Trainingsschritte in Modul 1 „Kompetenz im Umgang mit Werbestrategien I“

Trainingsschritt	Material	Zeit	Ziel
(1) Begrüßung, Aktivierung des Vorwissens und Vorstellung des Projektes	Schnellhefter für jede Person, um Material des Trainings abzuheften Zusammenfassung des Trainings (s. AN1.1)	20 Min.	Jugendliche verstehen, warum Training durchgeführt wird ➔ Selbstrelevanz herstellen
(2) Begrüßungsritual	Anleitung für Begrüßungsrituale (s. AN1.2)	10 Min.	Jugendliche aktivieren und ankommen lassen; Übungen können zusätzlich Achtsamkeit, Selbstkontrolle, Emotionsregulation steigern.
(3) Spiel: Werbung von Influencer*innen erkennen. Muss der/die Influencer*in das als Werbung markieren?	Beispiele von Influencer*innen-Marketing (MB1.1)	15 Min.	Problemorientiertes Lernen: Jugendlichen wird bewusst, dass sie auch nicht immer wissen, wann Influencer*innen etwas als Werbung markieren müssen.
(4) Werbe-Strategien von Influencer*innen (Teil 1): Welche kennt ihr?		15 Min.	Teilnehmer*innen-Orientiertes Lernen: Es wird zusammengestellt, was die Jugendlichen schon wissen.
(5) Werbe-Strategien von Influencer*innen (Teil 2): Äußerungen der Jugendlichen ergänzen	Zusammenfassung von Strategien (s. AN 1.3), Plakat, Stifte	15 Min.	Jugendliche lernen Werbestrategien von Influencer*innen kennen. Plakat dient Ergebnissicherung
(6) Angebote für Influencer*innen: Bist du käuflich?	Verschiedene fiktive Angebote für Influencer*innen (MB1.2), Plakat, Stifte	10 Min.	Situiertes Lernen: Jugendliche können nachempfinden, in welchem Dilemma sich Influencer*innen manchmal befinden und dass sie Produkte oftmals nur bewerben, weil sie Geld dafür bekommen.
(7) Abschlussritual: Was nehme ich heute mit?	Leeres Plakat, Stifte	5 Min.	Jugendliche reflektieren über ihren eigenen Lernfortschritt.

6.3 Modul 2 – Selbstkontrolle

Bei diesem Modul soll die Selbstkontrolle in Bezug auf die Nutzung von Sozialen Medien gefördert werden. Es handelt sich um eine allgemeine Maßnahme, um die Resilienz gegenüber Influencer*innen-Marketing zu fördern. Das Modul ist in sieben Trainingseinheiten eingeteilt (Tab. 2). Der Kern des Moduls ist die Reflexion über Impulse im Zusammenhang mit der Nutzung Sozialer Medien und das Erkennen negativer Konsequenzen bei wenig Selbstkontrolle (Trainingsschritt 4), das Erkennen von Selbstkontrolle in verschiedenen Situationen (Trainingsschritt 5) sowie das Erklären und Anwenden von ‚Wenn-dann-Plänen' als Strategie zur Förderung der eigenen Selbstkontrolle (Trainingsschritte 6).

1. Begrüßung und Vorstellung der Sitzung: Zunächst werden die Teilnehmenden begrüßt und als Einstieg der Ablauf der Sitzung vorgestellt. Dabei wird erklärt, was unter Selbstkontrolle verstanden wird (s. AN 2.1).

2. Begrüßungsritual: Grundsätzlich empfehlen wir, im Rahmen des Begrüßungsrituals immer die gleiche Übung durchzuführen. Allerdings bietet sich für dieses Modul eine Achtsamkeitsübung oder eine Meditation besonders an (z. B. AN 1.2), da diese die Emotionsregulation über eine Steigerung der Selbstkontrolle fördern können (z. B. Teper et al. 2013). Die Entscheidung sollte aber maßgeblich von der Passung zur Gruppe abhängen.

3. Gallery Walk: Um die Jugendlichen auf das Thema Selbstkontrolle weiter vorzubereiten, wird die Übung „Gallery-Walk" durchgeführt (vgl. webhelm-Starterkit: Like, follow, comment – Influencer*innen im Netz, https://webhelm.de/starterkit-influencerinnen-im-netz/). Hierbei werden drei Plakate (P 2.1, P 2.2, P 2.3) an mehreren Stellen im Raum aufgehängt. Die Plakate bestehen jeweils aus dem Logo der Plattformen (Youtube, Instagram, TikTok) und vier darauf bezogene Leitfragen. Die Jugendlichen dürfen mit Klebepunkten hierbei die eigene Mediennutzung reflektieren, indem sie von Plakat zu Plakat gehen und die Fragen durch Aufkleben eines Punktes an der für sie passenden Stelle beantworten. Im Anschluss werden die Plakate gemeinsam betrachtet und das Nutzungsverhalten der Jugendlichen besprochen. Ziel des Gallery Walk ist es in einem ersten Schritt ein Bewusstsein zu schaffen, und zwar über die eigene Social-Media-Nutzung, über mögliche affektive Folgen durch die Nutzung, über Werbung auf den Plattformen und über ihr Kaufverhalten. In einem zweiten Schritt wird gemeinsam darüber reflektiert, inwiefern die Posts auf den verschiedenen Plattformen Trigger enthalten, die gewisse Impulse auslösen. Dabei kann es sich zum einen um Trigger handeln, die ein gewisses Kaufverlangen auslösen, oder auch um

Trigger, die einen gewissen Nachahmungsimpuls in Bezug auf Verhalten oder Handlungen auslösen. Hierbei können folgende Fragen die Reflexion unterstützen: Bei welchen Posts fühlt ihr euch im Anschluss schlechter? Welcher Inhalt genau löst dabei negative Gefühle in euch aus? Wenn ihr schon mal etwas gekauft habt, das ihr in den Sozialen Medien gesehen habt: was denkt ihr, was genau das Gefühl in euch geweckt habt „Das brauche ich auch!"? Die Antworten können stichwortartig an der Tafel gesammelt werden.

4. Impulse und Folgen (Teil 1): Nun schaut man sich mit den Jugendlichen gemeinsam Impulse im Zusammenhang mit Social-Media-Nutzung und deren (mögliche) negative Folgen genauer an. Hierfür können die Beispiele aus AN 2.1 als Leitfaden genutzt werden. Zunächst werden gemeinsam auf einem Plakat, Situationen und Impulse gesammelt, die in dieser Situation ausgelöst werden (können). Einsteigen kann man z. B. mit der Frage, wer einen Post beschreiben kann, der in einem ein Kaufverlangen ausgelöst hat (AN 2.1). Die Situationen und Impulse sammelt man auf der linken Seite des Plakats. In einem zweiten Schritt sammelt man zu jeder Situation und zu jedem Impuls auf der rechten Seite des Plakats mögliche negative Folgen, wenn man diesem Impuls nachgibt bzw. nachgeben würde. Durch dieses zweischrittige Vorgehen soll den Jugendlichen bewusst werden, dass es verschiedene Situationen bzw. Post und Inhalte gibt, die ganz unterschiedliches Verlangen in ihnen auslösen können und dass das Nachgeben negative Folgen haben kann.

5. Impulse und Folgen (Teil 2): Nachdem den Jugendlichen bewusst ist, dass es einen Zusammenhang zwischen verschiedenen Situationen und Impulsen gibt, sollen sie nun Selbstkontrolle als moderierende Variable kennenlernen. Sie lernen, dass durch starke Selbstkontroll-Fähigkeiten Impulse kontrolliert werden können und negative Folgen, die durch das Nachgeben der Impulse entstehen, abgemildert werden können. Hierfür wird zunächst die Frage in den Raum gestellt, wodurch die Impulse, die zuvor gesammelt wurden, kontrolliert werden können. Dies kann zunächst auf einer situationsspezifischen, handlungsorientierten Ebene sein. So können gemeinsam die Situationen durchgegangen und die Frage beantwortet werden, was man in der jeweiligen Situation tun kann, um dem Verlangen zu widerstehen. Anschließend erinnert man an den Anfang der Sitzung zurück und erklärt, dass sich die alternativen Verhaltensweisen, die zu einem Widerstehen des Verlangens führen, auch als Selbstkontrolle bezeichnet werden.

6. Übung „Wenn-dann-Pläne“: In diesem Trainingsschritt werden „Wenn-dann-Pläne“ als Strategie eingeführt, die Selbstkontrolle trainiert (Althammer/Michel 2021). In einem ersten Schritt wird anhand der bereits besprochenen Beispiele die Selbstkontroll-Strategie „Wenn-dann-Pläne“ erklärt: „Die eigene Selbstkontrolle kann anhand von sog. ‚Wenn-dann-Plänen‘ trainiert werden. Hierfür überlegst du dir in einem ersten Schritt, in welcher Situation genau gewisse Impulse ausgelöst werden – z. B. das Verlangen, etwas zu kaufen, wenn man Werbung für dieses Produkt in einem Post gesehen hat. Dann überlegt man sich in einem zweiten Schritt, wie genau man sich verhalten kann, um diesem Verlangen zu widerstehen. Der ‚Wenn-dann-Plan‘ heißt dann also: ‚Wenn ich wieder ein Produkt sehe, dass Influencer XY postet, dann scrolle ich schnell weiter.‘“ So geht man die in den vorherigen Trainingsschritten gesammelten Situationen und Impulse durch und lässt die Jugendlichen eigene „Wenn-dann-Pläne“ für die verschiedenen Situationen formulieren.

7. Abschlussritual: Für einen routinierten Abschluss der Einheiten wird das Abschlussritual wie in Modul 1 beschrieben fortgeführt. Anschließend wird angeregt, dass sie sich einen für ihre individuelle Situation und Impulse einen passenden „Wenn-dann-Plan“ überlegen, den sie bis zur nächsten Sitzung versuchen umzusetzen. Dabei können sich die Jugendlichen einen Wenn-dann-Satz überlegen, der Bezug zu ihrem (Medien-)Konsumverhalten hat oder ein anderes Verhalten aufgreifen kann. Den Satz können sie auf einem separaten Blatt notieren. Die Trainer*innen dürfen hierbei als Inspiration auf die besprochenen Beispiele aufmerksam machen und die Jugendlichen fragen, ob sie sich in Aspekten dieser Beispiele wiederfinden konnten.

Checkliste: Modul 2 – Selbstkontrolle

» AN 1.2, AN 2.1
» P 2.1, P 2.2, P 2.3
» Ggf. Leere Plakate, Stifte

Tabelle 2: Übersicht Trainingsschritte in Modul 2 „Selbstkontrolle“

Trainingsschritte	Material	Zeit	Ziel
(1) Begrüßung und Vorstellung der Sitzung	AN 2.1	5 Min.	
(2) Begrüßungsritual	Anleitung für Begrüßungsrituale (s. AN 1.2)	10 Min.	Jugendliche aktivieren und ankommen lassen; Übungen können zusätzlich Achtsamkeit, Selbstkontrolle, Emotionsregulation steigern.
(3) Gallery Walk: Bewusstwerden und Reflektieren über Medienkonsum und mögliche Folgen	P 2.1, P 2.2 und P 2.3, Klebepunkte	10 Min. (+10 Min.)	Jugendliche werden sich bewusst und reflektieren über eigenen Medienkonsum und dessen Folgen.
(4) Impulse und Folgen (Teil 1): Sammeln von Impulsen im Zusammenhang mit Mediennutzung und negativen Folgen	AN 2.1 (Beispiele Impulse), Plakat, Stifte	10 Min.	Jugendliche reflektieren über Impulse bei SM-Nutzung und erkennen negative Folgen.
(5) Impulse und Folgen (Teil 2): Beispiele für Selbstkontrolle	AN 2.1 (Beispiele Selbstkontrolle), Plakat aus Schritt (4) ergänzen	15 Min.	Jugendliche können erklären, was Selbstkontrolle ist und erkennen Selbstkontrolle in verschiedenen Situationen.
(6) Übung „Wenn-dann-Pläne“	Plakat aus Schritt (4) und (5)	15 Min.	Jugendliche können „Wenn-dann-Pläne“ erklären und sie auf verschiedene Situationen anwenden.
(7) Abschlussritual: Was nehme ich heute mit? Welchen „Wenn-dann-Plan“ nehme ich mir bis zur nächsten Sitzung vor?	Plakat für Abschlussritual, Stifte	5 Min.	Lernerfolgssicherung; Jugendliche reflektieren über ihren eigenen Lernfortschritt.

6.4 Modul 3 – Materialistische und andere Werte

In diesem Modul werden die Teilnehmenden über Werte im Allgemeinen sowie über eine materialistische Wertorientierung reflektieren und sich über ihre eigenen Werte bewusst werden (Tab. 3).

Der Kern des Moduls ist das Reflektieren über eine materialistische Wertorientierung (Trainingsschritt 3) und das Bewusstwerden über die Werte, die den Jugendlichen selbst wichtig sind (Trainingsschritte 4 bis 6).

1. Begrüßung und Vorstellung der Sitzung: Zunächst werden die Teilnehmenden begrüßt und als Einstieg der Ablauf der Sitzung vorgestellt. Zudem wird in das Thema der Sitzung eingeführt und der Begriff ‚Dankbarkeit' definiert. Hierbei kann sich an der bereitgestellten Definition des Materialblattes (s. AN 3.1) orientiert werden. Die Trainer*innen werden eingeladen, das Konzept kurz in Ihren eigenen Worten verständlich darzustellen. Die Beispielfragen auf dem Materialblatt (s. AN 3.1) können dazu dienen, eine erste Reflexion der Jugendlichen über ihre eigene Dankbarkeit zu initiieren. Im Rahmen der Auseinandersetzung mit materialistischer Orientierung soll Dankbarkeit thematisiert werden, da Jugendliche darüber nachdenken sollen, was in ihrem Leben tatsächlich wichtig ist. Die Übungen dieser Einheit dienen dazu, dass Jugendliche überlegen, was ihr Leben bereichert und was nur oberflächlich/kurzfristig glücklich macht. Im Idealfall erkennen die Jugendlichen im Rahmen der Einheit, dass materialistische Dinge nichts sind, wofür sie wirklich dankbar sind. Das könnte dann dazu führen, dass sie die Werbung von Influencer*innen zu materialistischen Produkten kritischer reflektieren. Den Jugendlichen kann zu Beginn dieser Einheit gesagt werden, dass die Übungen für sie dazu dienen, zu überlegen, wofür sie dankbar sind. Hier ist es besonders wichtig, die Argumentationslinien der Jugendlichen wertzuschätzen und ihnen keine Meinung darüber, wofür sie dankbar sein sollten, überzustülpen.

2. Begrüßungsritual: Hier können eine Achtsamkeitsübung oder eine Meditation durchgeführt werden (Modul 1).

3. Welche 3 ‚Dinge' würdest du auf eine einsame Insel mitnehmen? (Teil 1): Für diese Aufgabe wird den Teilnehmenden folgende Frage gestellt, über die sie zunächst allein nachdenken sollen (2–3 Minuten): „Welche drei ‚Dinge' würdest du auf eine einsame Insel mitnehmen?" Anschließend werden die Jugendlichen in Kleingruppen aufgeteilt und sollen sich in der Gruppe auf drei Dinge einigen. Diese sollen sie auf einem Blatt Papier notieren. Außer-

dem sollen sie jeweils kurz notieren, warum sie sich für die verschiedenen Dinge entschieden haben. Diese Übung hat das Ziel, dass die Teilnehmenden sich gedanklich in eine Situation begeben, in der Besitz tatsächlich lebensnotwendig ist. Dadurch setzen sie sich mit der Sinnhaftigkeit von materiellem Besitz auseinander und entscheiden, welche Besitztümer tatsächlich (überlebens-)notwendig und welche weniger notwendig sind. Die Arbeit in Kleingruppen fördert darüber hinaus persönliche Kommunikationskompetenzen in Gruppensituationen und soll die Fähigkeiten der Jugendlichen stärken, Entscheidungen abzuwägen. Das ist auch mit Blick auf Impulskäufe im Kontext von Influencer*innen-Marketing eine zentrale Kompetenz. Denn wenn Jugendliche die Werbung von Influencer*innen sehen, ist es von Vorteil, wenn sie sich zuerst mit anderen darüber austauschen und Argumente gegeneinander abwägen, bevor sie ein Produkt kaufen.

4. Welche 3 ‚Dinge' würdest du auf eine einsame Insel mitnehmen? (Teil 2): Anschließend sammeln sich alle wieder im Plenum. Die Teilnehmenden berichten der Reihe nach, für welche drei Dinge sie sich entschieden haben. Sie werden außerdem gebeten zu erläutern, warum sie sich für diese entschieden haben. Im Plenum wird dann gemeinsam reflektiert, um welche Art von Besitztum es sich jeweils handelt. Dazu können die folgenden Impulsfragen unterstützend dienen: Ist es überlebensnotwendig? Handelt es sich hierbei um ein symbolisches Produkt „to impress"? Für was würdet ihr euch entscheiden, wenn ihr nur eines der ‚Dinge' mitnehmen dürftet – aber in dreifacher Ausführung bzw. dreimal? Das Ziel ist es, eine Reflexion über Konsum und Materialismus zu fördern, die im Alltag zu einer höheren Reflexion in (Online-)Kaufsituationen führen soll. Dieser zweite Teil soll den Kreis schließen und veranschaulichen, dass das, was an Materiellem im Alltag wichtig ist (z. B. T-Shirt einer Nobelmarke), meistens nur Eindruck schinden soll. Bei Bedarf kann der Zusammenhang zu Social-Media-Marketing aufgezeigt werden und reflektiert werden, inwiefern hier eher Produkte angepriesen werden, die eigentlich dazu dienen, andere Menschen zu beeindrucken (Impulsfragen: Welche Produkte werden euch auf Social Media am häufigsten angezeigt? Sind das (lebens-)notwendige Produkte, die ihr auf einer einsamen Insel zum Überleben braucht?

5. Dankbarkeitsintervention (Teil 1): Es ist möglich, Dankbarkeit zu trainieren. Denn manchmal ist es für Jugendliche nicht einfach zu erkennen, wie viele positive Dinge ihr Leben bereithält. Zudem kann es für die Jugendlichen schwierig sein, wirklich wichtige Dinge von Oberflächlichem zu unterscheiden. Jugendliche sollen sich hier bewusst werden, wofür sie in

ihrem Leben dankbar sind. Daher wird ein einem ersten Schritt die Dankbarkeits-Intervention „Three Good Things" (MB 3.1) erklärt. Die Jugendlichen sollen dadurch befähigt werden, in einem zweiten Schritt drei Dinge aufzuschreiben, für die sie dankbar sind (Teil 2). Zwei Reflexionsfragen tragen dazu bei, dass die Jugendlichen nochmals intensiver über die drei Dinge nachdenken. Die Übungsleiter*innen lesen die Instruktionen für die Übung vor und teilen anschließend die Materialien aus.

6. Dankbarkeitsintervention (Teil 2): Nun führen die Jugendlichen die erklärte Dankbarkeitsintervention „Three Good Things" persönlich durch. Sie werden darauf hingewiesen, dass ihre Notizen privat und persönlich sind und sie diese nicht mit der Gruppe teilen müssen. Dies soll eine persönlichere und ehrlichere Auseinandersetzung mit der eigenen Dankbarkeit begünstigen. Es wäre wünschenswert, dass die Jugendlichen hier erkennen, dass sie kaum für materialistische Dinge dankbar sind, sondern dass ganz andere Dinge eine wirkliche Bereicherung für ihre Leben darstellen.

7. Abschlussritual: Die Jugendlichen besprechen ihre persönlichen Eindrücke aus dieser Sitzung. Ein Stuhlkreis bietet sich hier als didaktische Methode besonders an, um den Jugendlichen Raum für Persönliches zu geben. Die Jugendlichen sollten in dieser Runde ihre persönlichen Erfahrungen und Gefühle besonders während der Durchführung der Interventionen schildern. Hierfür können die Übungsleiter*innen folgende Leitsätze verwenden, um die einzelnen Interventionseinheiten zu einem einheitlichen Bild zusammenzuführen:
   » Wie hat sich dein Bild von materiellem Besitz heute verändert?
   » Hat sich dein Bedürfnis, Dinge zu besitzen, die von Influencer*innen angepriesen werden, verändert? Inwiefern?
   » Wie hast du deinen Besitz im Verhältnis zu dem, was Influencer*innen im Internet präsentieren, vor der Sitzung wahrgenommen?
   » Wie nimmst du das Verhältnis jetzt wahr? Hat sich hierbei etwas geändert?
   » Hat die Dankbarkeitsintervention deinen Blick auf materiellen und immateriellen Besitz verändert? Inwiefern?

Hierbei ist das Ziel, dass die Teilnehmenden Interventionen als positiv und bestärkend empfinden und Dankbarkeit für ihre Lebenssituation entwickeln. Die Take-Home-Message sollte sein, dass die Jugendlichen verstehen, dass online beworbene Produkte zwar oberflächlich und temporär Glücksgefühle auslösen können, die langfristig wichtigen Werte aber durch Dankbarkeit, persönliche Freundschaften, familiäre Beziehungen und persönliche Kompetenzen kultiviert werden. Influencer*innen-Marketing soll in Zukunft kritisch reflektiert und multiperspektivisch betrachtet werden können. Die Trainer*innen können am Ende den Teilnehmenden empfehlen, die Dankbarkeitsinterventionen zu Hause weiterzuführen, falls die Teilnehmenden diese als angenehm und förderlich empfanden.

Für einen routinierten Abschluss der Einheiten wird das Abschlussritual fortgeführt. Es soll den Jugendlichen helfen, den eigenen Lernfortschritt zu reflektieren. In Form eines Blitzlichtes wird gesammelt, was die Jugendlichen aus der Sitzung mitnehmen. Hier können die folgenden Reflexionsfragen sinnvoll sein:

- Was war in der heutigen Einheit besonders interessant?
- An welchen Teil der heutigen Einheit könnt ihr euch noch besonders gut erinnern?
- Was werdet ihr in Zukunft anders machen?

Die Antworten der Jugendlichen werden auf einem Plakat festgehalten. Das Plakat soll zu jeder Einheit mitgebracht und ergänzt werden. In der letzten Einheit wird dann auf das Plakat geblickt und jede Einheit mit ihren Inhalten nochmal ins Gedächtnis gerufen.

Checkliste: Modul 3 – Materialistische und andere Werte

- AN 3.1, AN 1.2
- MB 3.1
- Ggf. Leere Plakate, Stifte

Tabelle 3: Übersicht Trainingsschritte in Modul 3 „Materialistische und andere Werte“

Trainingsschritt	Material	Zeit	Ziel
(1) Kurze Begrüßung und Vorstellung Sitzung/Definition Dankbarkeit	Anleitung für Übungslei-ter*innen (AN 3.1)	10 Min.	
(2) Begrüßungsritual	Anleitung für Begrüßungs-rituale (s. AN 1.2)	10 Min.	Jugendliche aktivieren und ankommen lassen; Übungen können zusätzlich Achtsamkeit, Selbstkontrolle, Emotionsregulation steigern
(3) Welche 3 ‚Dinge‘ würdest du auf eine einsame Insel mitnehmen? (Teil 1): Bewusst werden, was einem wichtig ist	Papier und Stifte, Kleingruppenarbeit	10 Min.	Jugendliche können benennen, was ihnen wichtig ist.
(4) Welche 3 ‚Dinge‘ würdest du auf eine einsame Insel mitnehmen? (Teil 2): Reflektieren über Bedeutung der ‚Dinge‘	Ergebnisse aus Trainings-schritt (3), Plenum		Jugendliche reflektieren über die Unterscheidung zwischen subjektiv wichtigem und unwichtigerem Besitz. Sie können benennen, was ihnen ‚wirklich‘ wichtig ist.
(5) Dankbarkeitsintervention (Teil 1): Three Good Things	MB 3.1 (Three Good Things)	10 Min.	Jugendliche können die Vorgehensweise und das Ziel der Dankbarkeitsintervention wiedergeben.
(6) Dankbarkeitsintervention (Teil 2): Anwendung	Ggf. Gestaltung eines eige-nen Dankbarkeits-Journals	20 Min.	Jugendliche setzen sich aktiv mit ihrer persönlichen Dank-barkeit auseinander und halten diese fest. Der Fokus ver-schiebt sich auf positive Aspekte des Alltags.
(7) Abschlussritual: Was habe ich heute mitgenommen? Wie hat Um-setzung des Wenn-Dann-Plans geklappt? Ggf. neuen Plan machen	Plakat für Abschlussritual, Stifte	5 Min.	Lernerfolgssicherung; Jugendliche reflektieren über ihren eigenen Lernfortschritt.

6.5 Modul 4 – (Para-)Soziale Beziehungen und Identität

In diesem Modul werden die Teilnehmenden sich über parasoziale Beziehungen bewusst und reflektieren darüber, wer sie gerne sein möchten. Dieses Modul ist in fünf Trainingsschritte eingeteilt (Tab. 4).

Der Kern des Moduls ist das Reflektieren über die Beziehung zum/zur Lieblings-Influencer*in (Trainingsschritt 3) sowie das Bewusstwerden und Reflektieren über das Zukunfts-Ich und Vorbilder (Trainingsschritt 4).

1. Begrüßung und Vorstellung der Sitzung: Zunächst werden die Teilnehmenden begrüßt und als Einstieg der Ablauf der Sitzung vorgestellt.

2. Begrüßungsritual: Hier können eine Achtsamkeitsübung oder eine Meditation durchgeführt werden (Modul 1).

3. Die Beziehung zu anderen und zum/zur (Lieblings-)Influencer*in: In einem ersten Schritt sollen die Jugendlichen auf einem Blatt Papier aufmalen, welche Personen ihnen in ihrem Leben wichtig sind. Sie sollen zunächst sich selbst in die Mitte des Blattes malen oder ‚Ich' schreiben. Dann sollen sie die Personen, die ihnen wichtig sind im Leben oder mit denen sie sich verbunden fühlen, auf das Blatt malen oder deren Namen aufschreiben. Wichtig ist dabei, dass die Personen der Wichtigkeit nach geordnet werden: Personen, die einem sehr wichtig sind oder mit denen sie sich tief verbunden fühlen, werden näher an die eigene Person gesetzt als weniger wichtige Personen oder Personen, mit denen man sich weniger verbunden fühlt. Hierbei können die Jugendlichen Personen, die zusammengehören, auch gerne zusammen aufmalen oder aufschreiben. Als Trainer*in können Sie die Jugendlichen auch fragen, wem sie sich in ihrem Leben verbunden fühlen. Es ist wichtig, dass die Jugendlichen nicht nur sozial erwünschte Antworten (wie z. B. Mama oder Papa) nennen. Hier ist es bedeutend, den Jugendlichen genug Zeit zum Nachdenken zu ermöglichen. Es wäre auch denkbar, mit den Jugendlichen verschiedene Stationen ihres Alltags durchzugehen (Hobbys, Nachbarschaft, Hausaufgabenhilfe etc.), um sie so auf die verschiedenen Personen in ihrem Leben aufmerksam zu machen. Es kann natürlich passieren, dass eine Person sagt, dass sie sich niemandem verbunden fühlt. Der/die Trainer*in könnte dann auf die Schulgemeinschaft und Personen darin verweisen. Ein Verbundenheitsgefühl zur Klassenlehrkraft oder zur Schulsozialarbeit kann aufgezeigt werden. Die Übung soll nicht mit einem starken Gefühl der Einsamkeit beendet werden. In einzelnen Fällen kann es sinnvoll

sein, im Anschluss an die Einheit ein vertrauliches Gespräch mit der betroffenen Person zu führen. Daran anschließend sollen die Jugendlichen überlegen, wieso ihnen diese Personen wichtig sind bzw. wieso sie sich diesen Personen verbunden fühlen. Sie können die Antworten zu den jeweiligen aufgemalten Personen schreiben. In einem nächsten Schritt können die Jugendlichen dann unter das Bild schreiben, was ihnen in der zwischenmenschlichen Beziehung zu anderen generell wichtig ist. Auch hier ist es bedeutend, nicht nur sozial erwünschte Dinge festzuhalten. Dennoch kann der/die Trainer*in Hilfestellung geben, z. B. indem er/sie über sich selbst erzählt und darlegt, was ihm/ihr in zwischenmenschlichen Beziehungen wichtig ist (Verlässlichkeit, Humor, Geborgenheit etc.). Abschließend blickt man dann auf die Beziehung zu Influencer*innen. Die Jugendlichen sollen sich überlegen, ob die Beziehung zu Influencer*innen ihre zuvor aufgeschriebenen Kriterien an eine zwischenmenschliche Beziehung erfüllt. Mit Gruppen, in denen sich diese Form der Einzelarbeit nicht anbietet, können diese Übung auch im Plenum durchführen. Der/die Trainer*in kann dann an der Tafel/Whiteboard ein Schaubild erstellen. Alternativ wäre es auch möglich, eine Aufstellung mit plastischen Gegenständen, ähnlich einer Aufstellung mithilfe eines Systembretts, vorzunehmen. Die Aufgabe dient zum einen dazu, den Jugendlichen vor Augen zu führen, wie viele Beziehungen sie zu anderen Menschen haben und wodurch sich diese zwischenmenschlichen Beziehungen auszeichnen. Das kann das eigene Wohlbefinden stärken, da das Grundbedürfnis nach Zugehörigkeit angesprochen wird. Zum anderen dient die Übung dazu, den Jugendlichen deutlich zu machen, dass sich die Beziehung zu Influencer*innen von anderen zwischenmenschlichen Beziehungen in ihrem Leben unterscheidet. Hier ist die Idee, dass die parasoziale Beziehung, die viele Jugendliche zu Influencer*innen aufbauen, durch die Übung geschwächt wird, wodurch ein starke Verkaufsstrategie (Verkauf durch scheinbares Vertrauen) an Bedeutung verliert (vgl. Eyal/Dailey 2012). Falls die Jugendlichen bereits in Schritt eins darlegen, dass Influencer*innen wichtige Personen in ihrem Leben darstellen, dann ist das kein Problem. Eine Diskrepanz in der Qualität der Beziehung kann in den späteren Schritten dennoch aufgezeigt werden.

4. Wer will ich sein?: In diesem Arbeitsschritt befassen sich die Jugendlichen mit der Frage, welche Vorbilder sie haben. Im Plenum wird gesammelt, welche Vorbilder bei den Jugendlichen vorhanden sind. Auf einem Plakat kann festgehalten werden, warum diese Personen Vorbilder darstellen. So können die Jugendlichen sich bewusst werden, dass sie (unbewusst) Vorbilder haben und dass sie von diesen geprägt werden. Auf einem zweiten Plakat kann dann eine Tabelle mit zwei Spalten angelegt werden, in der gesammelt wird,

was ein gutes Vorbild und was ein schlechtes Vorbild ausmacht (z. B. mithilfe von Charaktereigenschaften). Der/die Trainer*in kann die Aussagen der Jugendlichen ergänzen und mit Begründungen untermauern. Anschließend soll anhand der Tabelle diskutiert werden, ob Influencer*innen gute oder schlechte Vorbilder sind. Hier kann keine pauschale Aussage für alle Influencer*innen getroffen werden. Wichtig ist, dass die Jugendlichen ihre Entscheidung, ob ein*e Influencer*in ein gutes Vorbild ist, anhand der ausgefüllten Tabelle) nachvollziehbar begründen. Gute Vorbilder zeichnen sich zum Beispiel durch Folgendes aus: Sie inspirieren (z. B. indem sie mir zeigen, was möglich ist); sie motivieren, an den eigenen Träumen und Zielen zu arbeiten; sie sind vertrauenswürdig usw. Schlechte Vorbilder zeichnen sich zum Beispiel durch Folgendes aus: Sie denken nur an sich selbst; sie wirken sich negativ auf meine Stimmung aus (z. B. indem sie Druck aufbauen); sie haben eine negative Grundstimmung usw. Um die Sitzung abzurunden, gestalten die Jugendlichen ein Vision-Board. Hier können sie aufmalen oder aufschreiben, wer sie in zehn Jahren sein möchten. Hier sind der Kreativität keine Grenzen gesetzt, ein gewisses Maß an Realitätsnähe ist dennoch erstrebenswert. Mithilfe dieser Zukunftsvision soll die Orientierung für den eigenen Lebensweg gestärkt werden.

5. Abschlussritual: Für einen routinierten Abschluss der Einheiten wird das Abschlussritual fortgeführt.

Checkliste: Modul 4 – (Para-)Soziale Beziehungen und Identität

- AN 1.2
- Blätter und Stifte
- Leere Plakate, Stifte

Tabelle 4: Übersicht Trainingsschritte in Modul 4 „(Para-)Soziale Beziehungen und Identität“

Trainingsschritt	Material	Zeit	(Lern-)Ziel
(1) Kurze Begrüßung und Vorstellung des Ablaufs der Sitzung		5 Min.	
(2) Begrüßungsritual	Anleitung für Begrüßungsrituale (s. AN 1.2)	10 Min.	Jugendliche aktivieren und ankommen lassen; Übungen können zusätzlich Achtsamkeit, Selbstkontrolle, Emotionsregulation steigern.
(3) Die Beziehung zu anderen und zu (Lieblings-)Influencer*in Systemische Aufstellung	Blatt pro Person und Stift: Plakat, um Faktoren, die in einer zwischenmenschlichen Beziehung wichtig sind, festzuhalten	35 Min.	Jugendliche werden sich darüber bewusst, wer ihnen wichtig ist; Jugendliche können andere, nicht-parasoziale Beziehungen nennen. Selbstreflexion; Jugendliche können benennen, was ihnen in der Beziehung zu anderen wichtig ist. Jugendliche können erklären, dass die Beziehung zu Influencer*innen vor allem einseitig und daher asymmetrisch ist.
(4) Wer will ich sein? Vorbilder und Zukunfts-Ich	Plakat, DIN-A4 Papier für jede Person und Stifte	35 Min.	Jugendliche sind sich darüber bewusst, dass sie (unbewusste) Vorbilder haben. Sie können gute von schlechten Vorbildern unterscheiden. Jugendliche können eine Vision davon beschreiben, wo sie sich in zehn Jahren sehen.
(5) Abschlussritual: Was nehme ich heute mit? Wie hat die Umsetzung des „Wenn-Dann-Plans“ geklappt? Ggf. neuen Plan machen	Plakat für Abschlussritual, Stifte	5 Min.	Lernerfolgssicherung; Jugendliche reflektieren über ihren eigenen Lernfortschritt.

6.6 Modul 5 – Kompetenz im Umgang mit Werbestrategien II

Auch hier soll die Kompetenz im Umgang mit Werbestrategien gefördert werden. Das Modul ist in sieben Trainingsschritte eingeteilt (Tab. 5). Der Kern des Moduls ist der Perspektivenwechsel (Trainingsschritte 4 bis 6).

1. Begrüßung und Vorstellung der Sitzung: Zunächst werden die Teilnehmenden begrüßt und als Einstieg der Ablauf der Sitzung vorgestellt.

2. Begrüßungsritual: Hier können eine Achtsamkeitsübung oder eine Meditation durchgeführt werden (Modul 1).

3. Werbestrategien und Wirkung von Influencer*innen: In dieser Übung sollen sich die Jugendlichen vertieft mit den Werbestrategien der Influencer*innen auseinandersetzen. So sollen sie die Wirkung der werblichen Posts reflektieren, um diese in Zukunft besser erkennen und durchschauen zu können. Aus diesem Grund sollen sich die Jugendlichen in Kleingruppen mit realen Beispielen von Influencer*innen-Marketing befassen. Hierfür sollen die Jugendlichen auf ihren Handys Beispiele von Influencer*innen-Marketing raussuchen. Hierbei ist es wichtig, die Jugendlichen bei der Suche nach einem passenden Beispiel zu begleiten. Es ist manchmal nicht einfach, „normale" Werbung von Werbung zu unterscheiden, die Influencer*innen im Rahmen ihres regulären Contents machen. Falls in Modul 1 bereits Beispiele von Influencer*innen-Marketing gesammelt wurden, können diese erneut verwendet werden. Wenn die Jugendlichen ihre Handys im Rahmen der Workshops nicht nutzen sollen oder können, müssen vom/von der Trainer*in Beispiele von Influencer*innen-Marketing herausgesucht werden. Nutzt man selbst Soziale Medien, kann man auf den Profilen der Influencer*innen gezielt nach Werbung schauen. Andernfalls findet man auch über Google Beispiele von Influencer*innen-Marketing. In Anlehnung an die Intervention des CML MediaLit Kit™ (Center for Media Literacy 2008) wurden Fragen erarbeitet, mit denen das jeweilige Beispiel des Influencer*innen-Marketings bearbeitet werden soll. Für diese Aufgabe ist das Materialblatt 1 (MB 5.1) vorgesehen. Falls die Jugendlichen bei dieser Aufgabe stärker an die Hand genommen werden sollen, kann vorab ein Beispiel von Influencer*innen-Marketing mit den Fragen durchgesprochen werden.

4. Instagram-Post erarbeiten: Bei dieser Aufgabe nehmen die Jugendliche die Rolle eines Influencers/einer Influencerin ein. Sie kreieren als Gruppe selbst einen Instagram-Post, in dem sie Werbung für ein bestimmtes Produkt ma-

chen. Bei der Erstellung des Posts sollen auch wieder Fragen leitend sein. Daher ist es sinnvoll, den Jugendlichen das Materialblatt (MB 5.2) auszuteilen. Es ist erwünscht, dass die Jugendlichen sich auf eine kreative Art und Weise mit den Strategien des Influencer*innen-Marketings auseinandersetzen. Hierfür benötigt jede Gruppe ein leeres Plakat und (bunte) Filzstifte. Die genaue Ausgestaltung bleibt jedoch den Jugendlichen überlassen: Sie können zum Beispiel den Post analog zu einem Screen-Shot eines Posts malen oder auch einfach nur in Spiegelstrichen beschreiben, was auf dem Post zu sehen ist.

5. Der Alltag eines Influencers/einer Influencerin: Rollenspiel: Das Materialblatt 3 (MB 5.3) erhält eine Vorlage für ein Rollenspiel. In einem ersten Schritt werden die Jugendlichen in Kleingruppen eingeteilt und erhalten das Materialblatt. Es ist dann ihre Aufgabe, die fehlenden Passagen des Rollenspiels zu füllen. Anschließend sollen zwei bis vier Gruppen das vervollständigte Rollenspiel vor der Klasse vortragen. Der/die Trainer*in kann die Rolle des Erzählers/der Erzählerin übernehmen, sofern die Gruppe das nicht selbst vorgesehen hat. Durch das Rollenspiel soll den Jugendlichen die Komplexität der Arbeit eines Influencers/einer Influencerin deutlich werden. Sie sollen erkennen, dass Influencer*innen hart für ihren Erfolg arbeiten und dass es viele Kompetenzen benötigt, um ein*e erfolgreiche*r Influencer*in zu werden.

6. Erfahrung als Influencer*in reflektieren: Im Anschluss an das Rollenspiel sind die Jugendlichen dazu aufgefordert, das Leben als Influencer*in zu reflektieren. Dazu wird in einem ersten Schritt im Plenum darüber diskutiert, wie sich die/der Influencer*in aus dem Rollenspiel fühlt und wie es ihr/ihm mit ihrem/seinem Leben geht. Hierbei können die folgenden Fragen zum Reflektieren hilfreich sein: Was ist der/die Influencer*in für eine Person? Wie geht es dem/der Influencer*in gerade? Was unterscheidet den/die Influencer*in von anderen Personen? Daran anschließend sollen die Vorteile eines Lebens als Influencer*in gesammelt werden. Danach werden analog die Nachteile zusammengestellt. Ob diese Sammlungen schriftlich festgehalten werden, bleibt dem/der Trainer*in überlassen. Mögliche Vorteile eines Lebens als Influencer*in: Spaß an der Arbeit, sehr guter Verdienst (sofern erfolgreich), bekannt sein, kostenlose Produkte (zum Testen), andere bekannte Personen treffen können (z. B. auf Veranstaltungen) etc. Mögliche Nachteile eines Lebens als Influencer*in: Finanzielle Unsicherheit (kein regelmäßiges Einkommen), Hass-Kommentare, Unsicherheit („Wer mag mich wirklich?"), viel zu tun (sofern erfolgreich), man kann nie wirklich abschalten (immer erreichbar sein), immer auf dem „Prüfstand" (Keine Feh-

ler erlaubt), eingeschränkte Privatsphäre (man wird oft erkannt) etc. Die Reflexion soll die Inhalte zu Advertising Literacy abrunden. Falls nicht ohnehin schon geschehen, sollen sich die Jugendlichen darüber bewusst werden, dass das Leben als Influencer*in Schattenseiten hat und dass ihre Arbeit sehr hart sein kann und anspruchsvoll ist.

7. Abschlussritual: Die Teilnehmenden erhalten zum Abschluss eine „Hausaufgabe“ (MB 5.4), bei der sie ihr persönliches Konsumverhalten beobachten und auf einem zur Verfügung gestellten Materialblatt dokumentieren sollen. Dafür wird folgende Aufgabe gestellt: „Beobachte dich selbst beim Einkaufen: Wie entscheidest du, welches Produkt du kaufen möchtest? Wie genau unterscheiden sich deine Entscheidungen beim Online-Einkauf von denen in einem Laden (wie z. B. dm)? Welche Kriterien sind dir beim Einkauf wichtig? Unterscheiden sich diese Kriterien zwischen verschiedenen Produkten (wie z. B. Klamotten, Gaming-Zubehör, Make-Up, Lebensmittel)?“ Diese Selbstbeobachtungen dienen zunächst dazu, eine generelle Awareness für die eigenen Kaufentscheidungen zu schaffen. Dabei ist es egal, ob der Einkauf in einem Laden oder Online getätigt wurde. Für einen routinierten Abschluss der Einheiten wird das Abschlussritual fortgeführt.

Checkliste: Modul 5 – Kompetenz im Umgang mit Werbestrategien II

- AN 1.2
- MB 5.1, MB 5.2, MB 5.3, MB 5.4
- Blätter und Stifte
- Leere Plakate, Stifte

Tabelle 5: Übersicht Trainingsschritte in Modul 5 „Kompetenz im Umgang mit Werbestrategien II"

Trainingsschritt	Material	Zeit	(Lern-)Ziel
(1) Kurze Begrüßung und Vorstellung des Ablaufs der Sitzung		5 Min.	
(2) Begrüßungsritual	Anleitung für Begrüßungsrituale (AN 1.2)	10 Min.	Jugendliche aktivieren und ankommen lassen; Übungen können zusätzlich Achtsamkeit, Selbstkontrolle, Emotionsregulation steigern.
(3) Werbestrategien und Wirkung von Influencer*innen: Arbeit mit Fragen an einem Beispiel von Influencer*innen-Werbung (Media Lit Kit)	Beispiel mitbringen (MB 5.1)	25 Min.	Situiertes Lernen: Jugendliche können Strategien, Mechanismen und Wirkung von Influencer*innen-Marketing (besser) erläutern und bei neuen Beispielen entdecken.
(4) Instagram-Post erarbeiten	Plakate & Stifte; Fragen des Media Lit Kit (MB 5.2)	25 Min.	Situiertes Lernen: Jugendliche können erläutern, wie Posts für Influencer*innen entstehen, und erkennen den betriebswirtschaftlichen Charakter dahinter.
(5) Der Alltag eines/einer Influencer*in: Rollenspiel	MB 5.3	10 Min.	Problemorientiertes Lernen: Jugendliche sind sich bewusst, dass das Leben als Influencer*in harte Arbeit ist.
(6) Erfahrung als Influencer*in reflektieren	Evtl. Plakat und Stifte	10 Min.	Situiertes Lernen: Jugendliche können nachempfinden, dass der Alltag von Influencer*innen Vor- und Nachteile hat.
(7) Hausaufgabe; Abschlussritual: Was nehme ich heute mit? Wie hat die Umsetzung des „Wenn-Dann-Plans" funktioniert? Ggf. neuen Plan machen	MB 5.4 Plakat, Stifte	5 Min.	Lernerfolgssicherung; Jugendliche reflektieren über ihren eigenen Lernfortschritt.

6.7 Modul 6 – Abschlusssitzung

Die Abschlusssitzung ist in sieben Trainingsschritte unterteilt (Tab. 6) und dient zum einen einer wiederholenden Vertiefung von bereits behandelten Themen und zum anderen einer Gesamtreflexion.

Kern dieses Moduls sind Selbstbeobachtung und Reflexion einer tatsächlich erlebten Kaufsituation und einer fiktiven Kaufsituation (Trainingsschritt 3 und 4). Zudem wird noch einmal das Thema Werte aufgegriffen und über die eigenen Werte reflektiert (Trainingsschritt 5) und es werden kurzfristige Ziele (Trainingsschritt 5) sowie langfristige Ziele in Bezug auf Influencing (Trainingsschritt 7) gesetzt. Außerdem wird in Trainingsschritt 6 über das gesamte Training sowie über den eigenen Lernfortschritt gemeinsam reflektiert.

1. Begrüßung und Vorstellung der Sitzung: Zunächst werden die Teilnehmenden begrüßt und als Einstieg der Ablauf der Sitzung vorgestellt.

2. Begrüßungsritual: Hier können eine Achtsamkeitsübung oder eine Meditation durchgeführt werden (Modul 1).

3. Besprechung der „Hausaufgabe“: In der vorangegangenen Sitzung sollten die Teilnehmenden als „Hausaufgabe“ (MB 5.4) ihr persönliches Konsumverhalten beobachten und auf einem zur Verfügung gestellten Materialblatt dokumentieren. Dafür wurden folgende Aufgabe gestellt: „Beobachte dich selbst beim Einkaufen: Wie entscheidest du, welches Produkt du kaufen möchtest? Wie genau unterscheiden sich deine Entscheidungen beim Online-Einkauf von denen *in* einem *Laden* (wie z. B. dm)? Welche Kriterien sind dir beim Einkauf *wichtig*? Unterscheiden sich diese Kriterien zwischen verschiedenen Produkten (wie z. B. Klamotten, Gaming-Zubehör, Make-up, Lebensmittel)?“ Diese Selbstbeobachtungen dienen zunächst dazu, eine generelle Awareness für die eigenen Kaufentscheidungen zu schaffen.

4. Influencer*innen-Marketing in Kaufsituationen:[1] Diese Übung baut auf der vorangegangenen Selbstbeobachtung auf. In dieser Aufgabe geht es nun darum, dass die Teilnehmenden ein Bewusstsein dafür entwickeln, ob und inwiefern sich Influencer*innen-Marketing auf ihre persönlichen Kaufentscheidungen während des (Online-)Einkaufs auswirkt. Dies soll die selbstwirksame Reflexion bei Konfrontation mit Influencer*innen-Werbung för-

1 Dieses Fallbeispiel eignet sich am besten für Personen, die bereits Produkte gekauft haben, die sie auf Social-Media gesehen haben.

dern. Die Teilnehmenden bekommen nun die Möglichkeit, sich für eines von zwei Szenarien zu entscheiden, die in Form von Fallkarten dargestellt werden (Kap. MB 6.13 und MB 6.2). Bei Gruppensitzungen wird die Gruppe anhand dieser Entscheidungen aufgeteilt. Die jeweilige Teilgruppe setzt sich zusammen und wählt eine*n Moderator*in. Diese*r Teilnehmer*in liest die jeweilige Fallkarte vor und stellt die darauf vorgegebenen Fragen. Die Teilnehmenden beantworten die Fragen basierend auf ihren vorangegangenen Selbstbeobachtungen und Eindrücken.

5. Die eigenen Werte reflektieren: Self-Affirmation. In dieser Übung erarbeiten sich die Teilnehmenden spielerisch ihre persönliche Werte. Sie lernen das Prinzip von Werten kennen und reflektieren, welche Werte ihnen persönlich am wichtigsten sind und warum sie für sie hilfreich sein könnten. Diese Übung unterstützt die Teilnehmenden somit, ihre persönlichen Werte zu erkennen und in ihren Alltag zu integrieren. Dafür füllen die Jugendlichen in Einzelarbeit Materialblatt MB 6.3 der Abschlusssitzung aus.

6. Abschlussritual: Zum Abschluss setzen sich alle Teilnehmenden gemeinsam in einen Kreis und reflektieren ihren Lernfortschritt.

7. Blick in die Zukunft: Basierend auf den zuvor erarbeiteten Wenn-Dann-Plänen und in Reflexion über alle bisherigen Sitzungen tauschen sich die Teilnehmenden nun über ihre persönlichen Vorhaben und Ziele in ihrem Umgang mit Influencer*innen-Marketing aus. Wichtig ist hierbei, dass es sich um langfristige Ziele handelt, die möglichst spezifisch formuliert werden sollen. Hierfür wird ein finaler Stuhlkreis gebildet. Zudem wird den Jugendlichen der Freiraum gegeben, sich gegenseitig zu ergänzen oder Ratschläge zu geben. Bevor Ergänzungen und Ratschläge gegeben werden, werden die Jugendlichen gefragt, ob sie dies möchten (z. B. „Darf ich dir hierzu einen Tipp geben?“).

Checkliste: Modul 6 – Abschlusssitzung

- AN 1.2
- MB 5.4, MB 6.1, MB 6.2, MB 6.3
- Blätter und Stifte
- Leere Plakate, Stifte

Tabelle 6: Übersicht Trainingsschritte in Modul 6 „Abschlusssitzung"

Trainingsschritt	Material	Zeit	Ziel
(1) Kurze Begrüßung und Vorstellung der Sitzung		5 Min.	
(2) Begrüßungsritual	Anleitung für Begrüßungsrituale (AN 1.2)	10 Min.	Jugendliche aktivieren und ankommen lassen; Übungen können zusätzlich Achtsamkeit, Selbstkontrolle, Emotionsregulation steigern.
(3) #influenced (Teil 1). Selbstbeobachtung und Reflexion in Bezug auf eine Kaufsituationen (Besprechung Hausaufgabe)	MB 5.4 (Hausaufgabe)	10 Min.	Jugendliche können erläutern, welche Faktoren sich auf ihre Kaufentscheidungen auswirken können.
(4) #influenced (Teil 2). Selbstbeobachtung und Reflexion in Bezug auf Influencer*innen-Marketing in Kaufsituationen	MB 6.1 (Fall A) MB 6.2 (Fall B)	20 Min.	Jugendliche können erläutern, welche Faktoren sich auf ihre Kaufentscheidungen auswirken können. Jugendliche können erläutern, wie sich Influencer*innen Marketing auf ihr Kaufverhalten auswirken kann.
(5) Die eigenen Werte reflektieren – Self-Affirmation	MB 6.3	25 Min.	Jugendliche können das Prinzip von Werten erläutern, ihre persönlichen Werte identifizieren und verstehen, wie sie diese in ihren Alltag integrieren können.
(6) Abschlussritual	Plakat für Abschlussritual	10 Min.	Jugendliche reflektieren über ihren eigenen Lernfortschritt.
(7) Blick in die Zukunft: Was möchte ich verändern? Setze ich mir spezifische, langfristige Ziele?		10 Min.	Jugendliche setzen sich in Bezug auf Influencing spezifische und langfristige Ziele.

6.8 Ergänzende Hinweise zu den Methoden

Das FaIR-Training ist darauf ausgelegt, nur einmal durchgeführt zu werden, eine Booster-Session zur Auffrischung des Gelernten ist nicht vorgesehen. Denn das FaIR-Training weist Merkmale sogenannter „weiser Interventionen“ auf, die es ermöglichen, dass sich schon nach einmaliger Durchführung langfristige Effekte zeigen (Walton/Wilson 2018). Die einzelnen Module basieren auf (sozial-)psychologischen sowie pädagogischen Theorien und zielen darauf ab, sowohl auf persönlicher Ebene als auch auf Situationsebene die Meinungen und das Verhalten der Jugendlichen langfristig in eine adaptivere Richtung zu lenken. Dies geschieht zunächst dadurch, dass die Jugendlichen sich das Wissen über die Werbestrategien von Influencer*innen selbst aneignen. Weiterhin wird durch schriftlich festgehaltene Reflexionsübungen und -fragen das kritische Bewusstsein der Teilnehmenden bezüglich ihrer eigenen Werte gestärkt. Anhand der Arbeit mit realen Beispielen können sich die Teilnehmenden in verschiedene, künftige Situationen hineinversetzen, in denen sie ihr Konsumverhalten reflektieren können. Durch die Aneignung verschiedener Strategien, wie der Wenn-Dann-Pläne im Modul zum Thema Selbstkontrolle, ist das längerfristige Commitment der Jugendlichen zu ihren neu gewonnenen Erkenntnissen gesichert. Aufgrund dieser Merkmale ist eine nachhaltige Stärkung der Influencer*innen-Resilienz der Jugendlichen auch nach einmaliger Durchführung möglich.

Literaturverzeichnis

Althammer, S. E./Michel, A. (2020): Interventionen zur Förderung von Selbstwirksamkeit, Selbstregulation und Emotionsregulation. In: A. Michel/A. Hoppe (Hg.): Handbuch Gesundheitsförderung bei der Arbeit. Wiesbaden: Springer, S. 1–13. doi.org/10.1007/978-3-658-28654-5_6-1

Audrezet, A./De Kerviler, G./Moulard, J. G. (2020): Authenticity under threat: When social media influencers need to go beyond self-presentation. In: Journal of Business Research, 117, S. 557–569. doi.org/10.1016/j.jbusres.2018.07.008

Bandura, A./Grusec, J. E./Menlove, F. L. (1966): Observational Learning as a Function of Symbolization and Incentive Set. In: Child Development, 37(3), S. 499–506. doi.org/10.2307/1126674

Bandura, A./Huston, A. C. (1961): Identification as a process of incidental learning. In: The Journal of Abnormal and Social Psychology, 63(2), S. 311–318. doi.org/10.1037/h0040351

Bi, N.C./Zhang, R. (2023): "I will buy what my 'friend' recommends": the effects of parasocial relationships, influencer credibility and self-esteem on purchase intentions. In: Journal of Research in Interactive Marketing, 17(2), S. 157–175. doi.org/10.1108/JRIM-08-2021-0214

Böllert, K. (2015): Prävention und Intervention. In: H.-U. Otto/H. Thiersch (Hg.): Handbuch Soziale Arbeit. 5., erweiterte Auflage. München/Basel: Ernst Reinhardt, S. 1227–1332.

Borchers, N. S./Enke, N. (2021): Managing strategic influencer communication: A systematic overview on emerging planning, organization, and controlling routines. In: Public Relations Review, 47(3), 102041. doi.org/10.1016/j.pubrev.2021.102041

Bundeszentrale für gesundheitliche Aufklärung (BzgA) (Hg.) (2019): Gut hinsehen, gut zuhören, aktiv gestalten! Köln: Bundeszentrale für gesundheitliche Aufklärung. https://shop.bzga.de/gut-hinsehen-gut-zuhoeren-aktiv-gestalten-ratgeber-fuer-eltern-20281000/ (Abruf 26.06.2024).

Center for Media Literacy (Hg.) (2008): An overview and orientation guide to media Literacy Education. Part I: Theory CML MediaLit KitTM. A Framework for Learning and Teaching in a Media Age. www.medialit.org/sites/default/files/01a_mlkorientation_rev2_0.pdf (Abruf 26.06.2024).

Chae, J. (2018): Explaining females' envy toward social media influencers. In: Media Psychology, 21(2), S. 246–262. doi.org/10.1080/15213269.2017.1328312

Childnet (o. J.): Startseite. www.childnet.com (Abruf 25.06.2024).

De Droog, S. M./Buijzen, M./Valkenburg, P. M. (2012): Use a rabbit or a rhino to sell a carrot? The effect of character–product congruence on children's liking of healthy foods. In: Journal of health communication, 17(9), S. 1068–1080. doi.org/10.1080/10810730.2011.650833

De Jans, S./Cauberghe, V./Hudders, L. (2018): How an advertising disclosure alerts young adolescents to sponsored vlogs: The moderating role of a peer-based advertising literacy intervention through an informational vlog. In: Journal of Advertising, 47(4), S. 309–325. doi.org/10.1080/00913367.2018.1539363

De Houwer, J. (2008): Conditioning as a source of liking: There is nothing simple about it. In: M. Wänke (Hg.): The Social Psychology of Consumer Behavior. Vereinigtes Königreich: Taylor/Francis, S. 151 ff.

De Veirman, M./Hudders, L./Nelson, M. R. (2019): What Is Influencer Marketing and How Does It Target Children? A Review and Direction for Future Research. In: Frontiers in psychology, 10, S. 2685. doi.org/10.3389/fpsyg.2019.02685

Dittmar, H./Bond, R./Hurst, M./Kasser, T. (2014): The Relationship Between Materialism and Personal Well-Being: A Meta-Analysis. In: Journal of Personality and Social Psychology, 107(5), S. 879–924. http://dx.doi.org/10.1037/a0037409

Dodoo, N. A./Wu, L. (2019): Exploring the anteceding impact of personalised social media advertising on online impulse buying tendency. In: International Journal of Internet Marketing and Advertising, 13(1), S. 73–95. doi.org/10.1504/IJIMA.2019.097905

Döring, N. (2013): Wie Medienpersonen Emotionen und Selbstkonzept der Mediennutzer beeinflussen. In: W. Schweiger/A. Fahr (Hg.): Handbuch Medienwirkungsforschung. Wiesbaden: Springer VS, S. 295–310. doi.org/10.1007/978-3-531-18967-3_15

Eyal, K./Dailey, R. M. (2012): Examining Relational Maintenance in Parasocial Relationships. In: Mass Communication and Society, 15(5), S. 758–781. doi.org/10.1080/15205436.2011.616276

Fang, Xiang/Singh, Surendra/Ahluwalia, Rohini (2007): An Examination of Different Explanations for the Mere Exposure Effect. In: J Consum Res 34 (1), S. 97–103. DOI: 10.1086/513050

Fournier, S./Richins, M. L. (1991): Some theoretical and popular notions concerning materialism. In: Journal of Social Behavior and Personality, 6(6), S. 403–414.

Greater Goods Science Center, UC Berkeley (o. J.): Three Good Things Practice. https://ggia.berkeley.edu/practice/three-good-things (Abruf 26.06.2024).

Hager, W./Hasselhorn, M. (2000): Psychologische Interventionsmaßnahmen: Was sollen sie bewirken können? In: W. Hager/J.-L. Patry/H. Brezing (Hg.): Evaluation psychologischer Interventionsmaßnahmen. Bern: Huber, S. 41–85.

Habermann-Horstmeier, L./Lippke, S. (2021): Grundlagen, Strategien und Ansätze der Primär-, Sekundär- und Tertiärprävention. In: Tiemann, M./Mohokum, M. (Hg.): Prävention und Gesundheitsförderung. Springer Reference Pflege – Therapie – Gesundheit. Berlin/Heidelberg: Springer. doi.org/10.1007/978-3-662-62426-5_6

Hettler, I. S./Görzen, L. (2020): Grundlagen der systemischen Beratungspraxis im Kontext der Kinder- und Jugendarbeit. In: T. Meyer/R. Patjens (Hg.): Studienbuch Kinder- und Jugendarbeit. Wiesbaden: Springer VS, S. 615–653. doi.org/10.1007/978-3-658-24203-9_19

Höfler, M. (2018): Resilienzförderung: Ein kurzer Überblick zum aktuellen Stand der Resilienzforschung. In: Prävention und Gesundheitsförderung, 13(1), S. 7–11. https://doi.org/10.1007/s11553-017-0608-z

Hoffner, C. (1996): Children's wishful identification and parasocial interaction with favorite television characters. In: Journal of Broadcasting & Electronic Media, 40(3), S. 389–402. doi.org/10.1080/08838159609364360

Hoffner, C./Buchanan, M. (2005): Young adults' wishful identification with television characters: The role of perceived similarity and character attributes. In: Media Psychology, 7(4), S. 325–351. doi.org/10.1207/S1532785XMEP0704_2

Horton, D./Wohl, R. (1956): Mass communication and para-social interaction: Observations on intimacy at a distance. In: Psychiatry, 19(3), S. 215–229. doi.org/10.1080/00332747.1956.11023049

Hwang, K./Zhang, Q. (2018): Influence of parasocial relationship between digital celebrities and their followers on followers' purchase and electronic word-of-mouth intentions, and persuasion knowledge. In: Computers in Human Behavior, 87, S. 155–173. doi.org/10.1016/j.chb.2018.05.029

Jin, S. V./Muqaddam, A./Ryu, E. (2019): Instafamous and social media influencer marketing. In: Marketing Intelligence and Planning, 37(5), S. 567–579. doi.org/10.1108/MIP-09-2018-037

Kelman, H. C. (1961): Processes of opinion change. In: Public opinion quarterly, 25(1), S. 57–78. doi.org/10.1086/266996

Leary, M. R./Baumeister, R. F. (1995): The need to belong. In: Psychological Bulletin, 117(3), S. 497–529. /doi.org/10.4324/9780367198459-REPRW57-1

Lee, J. E./Watkins, B. (2016): YouTube vloggers' influence on consumer luxury brand perceptions and intentions. In: Journal of Business Research, 69(12), S. 5753–5760. doi.org/10.1016/j.jbusres.2016.04.171

Lohaus, A./Glüer, M. (2019): Selbstregulation bei Kindern im Rahmen der Entwicklungs- und Erziehungspsychologie. In: B. Kracke/P. Noack (Hg.): Handbuch Entwicklungs- und Erziehungspsychologie. Berlin/Heidelberg: Springer, S. 101–116. doi.org/10.1007/978-3-642-53968-8_7

Lomas et al. (2014): Gratitude Interventions. A Review and Future Agenda. In: A. C. Parks/S. M. Schueller (Hg.): The Wiley Blackwell Handbook of Positive Psychological Interventions. Chichester: Wiley & Sons, S. 1–19.

Manz, K./Schlack, R./Poethko-Müller, C./Mensink, G./Finger, J./Lampert, T. (2014): Körperlich-sportliche Aktivität und Nutzung elektronischer Medien im Kindes- und Jugendalter.

Ergebnisse der KiGGS-Studie – Erste Folgebefragung (KiGGS Welle 1). Berlin/Heidelberg: Springer. doi.org/10.1007/s00103-014-1986-4

Medienpädagogischer Forschungsverbund Südwest (mpfs) (Hg.) (2022a): JIM-Studie 2022: Jugend, Information, Medien. Basisuntersuchung zum Medienumgang 12- bis 19-Jähriger. Stuttgart: Medienpädagogischer Forschungsverbund Südwest. www.lfk.de/fileadmin/user_upload/jim-studie-2022.pdf (Abruf 26.06.2024).

Medienpädagogischer Forschungsverbund Südwest (mpfs) (Hg.) (2022b): KIM-Studie 2022. Kindheit, Internet, Medien. Basisuntersuchung zum Medienumgang 6- bis 13- Jähriger. Stuttgart: Medienpädagogischer Forschungsverbund Südwest. www.mpfs.de/fileadmin/files/Studien/KIM/2022/KIM-Studie2022_website_final.pdf (Abruf 26.06.2024).

Melcher, A. (2023): Gen Z. Wie hoch sind Ihre #Klarnaschulden? Wirtschaftswoche vom 08.02.2023. www.wiwo.de/unternehmen/dienstleister/gen-z-wie-hoch-sind-ihre- klarnaschulden/28969732.html (Abruf 26.06.2024).

Naderer, B./Brochers, N. S./Wendt, R./Naab, T. (Hg.) (2021): Advertising Literacy. How Can Children and Adolescents Deal with Persuasive Messages in a Complex Media Environment? MedienPädagogik. Zeitschrift für Theorie und Praxis Der Medienbildung, 43. doi.org/10.21240/mpaed/43.X

Naderer, B./Matthes, J./Zeller, P. (2018): Placing snacks in children's movies: Cognitive, evaluative, and conative effects of product placements with character product interaction. In: International Journal of Advertising, 37(6), S. 852–870. doi.org/10.1080/02650487.2017.1348034

Parker, N./Kasser, T./Bardi, A./Gatersleben, B./Druckman, A. (2020): Goals for Good: Testing an Intervention to Reduce Materialism in Three European Countries. In: European Journal of Applied Positive Psychology, 4(9).

Przybylski, A. K./Murayama, K./DeHaan, C. R./Gladwell, V. (2013): Motivational, emotional, and behavioral correlates of fear of missing out. In: Computers in Human Behavior, 29(4), S. 1841–1848. doi.org/10.1016/j.chb.2013.02.014

Quesenberry, K. A. (2020): Social media strategy: Marketing, advertising, and public relations in the consumer revolution. Lanham/Boulder/New York/London: Rowman & Littlefield Publishers.

Reinecker, H. (2015): Selbstkontrolle. In M. Linden/M. Hautzinger (Hg.): Verhaltenstherapiemanual. Berlin/Heidelberg: Springer, S. 401–404. doi.org/10.1007/978-3-642-55210-6_81

Richins, M. L. (2017): Materialism pathways: The processes that create and perpetuate materialism. In: Journal of Consumer Psychology, 27(4), S. 480–499.

Roberts, J. A./David, M. E. (2020): The social media party: Fear of missing out (FoMO), social media intensity, connection, and well-being. In: International Journal of Human– Computer Interaction, 36(4), S. 386–392. doi.org/10.1080/10447318.2019.1646517

Rozendaal, E./Buijzen, M./Valkenburg, P. (2011): Children's understanding of advertisers' persuasive tactics. In: International Journal of Advertising, 30(2), S. 329–350. doi.org/10.2501/IJA-30-2-329-350

Rozendaal, E./Lapierre, M. A./Van Reijmersdal, E. A./Buijzen, M. (2011): Reconsidering advertising literacy as a defense against advertising effects. In: Media Psychology, 14(4), S. 333–354. doi.org/10.1080/15213269.2011.620540

Rubin, A. M./Perse, E. M./Powell, R. A. (1985): Loneliness, Parasocial Interaction, and Local Television News Viewing. In: Human Communication Research, 12(2), S. 155–180, doi.org/10.1111/j.1468-2958.1985.tb00071.x

Salazar, J. M. R. (2017): Social media sites and teenage purchase intention in online shopping: an experimental study. In: International Journal of Contemporary Financial Issues, 2(1), S. 39–54. doi.org/10.17613/7dvz-d623

Schouten, A. P./Janssen, L./Verspaget, M. (2020): Celebrity vs. Influencer endorsements in advertising: The role of identification, credibility, and Product-Endorser fit. In: International journal of advertising, 39(2), S. 258–281. doi.org/10.1080/02650487.2019.1634898.

Scott, H./Woods, H. C. (2018): Fear of missing out and sleep: Cognitive behavioural factors in adolescents' nighttime social media use. In: Journal of Adolescence, 68, S. 61–65. doi.org/10.1016/j.adolescence.2018.07.009

Southwick, S. M./Charney, D. S. (2018): Resilience: The science of mastering life's greatest challenges. Cambridge/New York/Melbourne/Madrid/Kapstadt/Singapur/Sao Paulo/Delhi/Mexico City: Cambridge University Press.

Steven, T. (2018): Manipulation durch Influencer Marketing? In: Journal für korporative Kommunikation (2), S. 97–106.

Stockdale, L. A./Coyne, S. M. (2020): Bored and online: Reasons for using social media, problematic social networking site use, and behavioral outcomes across the transition from adolescence to emerging adulthood. In: Journal of Adolescence, 79, S. 173–183. doi.org/10.1016/j.adolescence.2020.01.010

Sweeney, E./Lawlor, M.-A./Brady, M. (2021): Teenagers' moral advertising literacy in an influencer marketing context. In: International Journal of Advertising, 41(1), S. 54–77. doi.org/10.1080/02650487.2021.1964227

Teper, R./Segal, Z. V./Inzlicht, M. (2013): Inside the Mindful Mind: How Mindfulness Enhances Emotion Regulation Through Improvements in Executive Control. In: Current Directions in Psychological Science, 22(6), S. 449–454. doi.org/10.1177/0963721413495869

Triple P (o. J.): Das Triple P-System. www.triplep.de/de-de/was-kann-triple-p/das-triple-p-system/ (Abruf 26.06.2024).

Uzunoglu, E./Kip, M. S. (2014): Brand communication through digital influencers: leveraging blogger engagement. In: International journal of information management, 34(5), S. 592–602. doi: 10.1016/j.ijinfomgt.2014.04.007

Van Dam, S./Van Reijmersdal, E. A. (2019): Insights in adolescents' advertising literacy, perceptions and responses regarding sponsored influencer videos and disclosures. In: Cyberpsychology: Journal of Psychosocial Research on Cyberspace, 13(2), Art. 2. http://dx.doi.org/10.5817/CP2019-2-2

Vogel, T./Heinz, A./Duffner-Korbee, D./Jahn, J./Marksteiner, T. (2023): Influencer marketing and its negative side effects on adolescent followers. Unveröffentlichtes Manuskript.

Vrontis, D./Makrides, A./Christofi, M./Thrassou, A. (2021): Social media influencer marketing: A systematic review, integrative framework and future research agenda. In: International Journal of Consumer Studies, 45(4), S. 617–644. doi.org/10.1111/ijcs.12647

Walton, G. M./Wilson, T. D. (2018): Wise interventions: Psychological remedies for social and personal problems. In: Psychological review, 125(5), S. 617– 655. http://dx.doi.org/10.1037/rev0000115

Wellman, M. L./Stoldt, R./Tully, M./Ekdale, B. (2020): Ethics of authenticity: Social media influencers and the production of sponsored content. In: Journal of Media Ethics, 35(2), S. 68–82. doi.org/10.1080/23736992.2020.1736078

Werdecker, L./Esch, T. (2021): Bedeutung und Rolle von Gesundheitsberufen in der Prävention und Gesundheitsförderung. In: Tiemann, M./Mohokum, M. (Hg.): Prävention und Gesundheitsförderung. Springer Reference Pflege – Therapie – Gesundheit. Berlin/Heidelberg: Springer. doi.org/10.1007/978-3-662-62426-5_10

Whiting, A./Williams, D. (2013): Why people use social media: a uses and gratifications approach. In: Qualitative Market Research: An International Journal, 16(4), S. 362–369. doi.org/10.1108/QMR-06-2013-0041

van der Schuur, W. A./Baumgartner, S. E./Sumter, S. R. (2019): Social Media Use, Social Media Stress, and Sleep: Examining Cross-Sectional and Longitudinal Relationships in Adolescents. In: Health Communication, 34(5), S. 552–559. doi.org/10.1080/10410236.2017.1422101

Wustmann Seiler, C. (2015): Resilienz. Widerstandsfähigkeit von Kindern in Tageseinrichtungen fördern. Berlin: Cornelsen Schulverlag.

Zajonc, R. B. (1968): Attitudinal effects of mere exposure. In: Journal of Personality and Social Psychology, 9(2, Pt.2), S. 1–27. doi.org/10.1037/h0025848

Zhang, A./Zhang, Q. (2023): How could mindfulness-based intervention reduce aggression in adolescent? Mindfulness, emotion dysregulation and self-control as mediators. In: Current Psychology, 42(6), S. 4483–4497. doi.org/10.1007/s12144-021-01778-5

Anhang

AN 1.1: Einleitende Worte

Smartphones sind zu alltäglichen Begleitern geworden. Auch Soziale Medien sind für viele Jugendliche nicht mehr wegzudenken. In diesen Medien spielen Influencer*innen eine bedeutende Rolle. Sie dienen vielen Jugendlichen als Vorbilder und Inspirationsquelle.

In den vergangenen Jahren hat es sich immer stärker etabliert, dass Influencer*innen auf ihren Kanälen Werbung machen und damit viel Geld verdienen. Ähnlich wie bei der Werbung im Fernsehen sollen die Menschen dazu angeregt werden, Produkte zu kaufen.

In unserem Forschungsprojekt konnten wir zeigen, dass diese Werbung von Influencer*innen, das sogenannte Influencer*innen-Marketing, negative Folgen hat:

- Je häufiger Jugendliche mit Influencer*innen-Marketing konfrontiert sind, desto öfter erleben sie Kaufimpulse und Intrusionen. Dazu zählen z. B. ein unwiderstehliches Verlangen, ein beworbenes Produkt zu besitzen oder sich immer wieder aufdrängende Gedanken, die zur Beschäftigung mit den bei Influencer*innen gesehenen Produkten führen.
- Soziale Konflikte. Dazu zählen z. B. Streit mit den Eltern, weil Kaufwünsche nicht realisiert werden oder auch das Gefühl, ausgeschlossen zu sein, weil die beworbenen Produkte zu teuer sind.
- Reue und Scham wegen getätigter Käufe. Die häufige Konfrontation mit angesagten Produkten und Aufrufe zu Käufen können zu unnötigen Käufen oder ungewollt hohen Ausgaben führen, die später bereut werden.

Wir konnten zudem nachweisen, dass Jugendliche Kompetenzen aufbauen können, welche die negativen Folgen von Influencer*innen-Marketing abschwächen können. Genau diese Fähigkeiten sollen mit der Intervention gefördert werden. Nach dem Abschluss können die Jugendlichen besser mit der Werbung von Influencer*innen umgehen und lassen sich durch die Werbung von Influencer*innen nicht mehr so leicht beeinflussen.

AN 1.2: Begrüßungsritual

„Körper abklopfen"

Diese Übung dient dazu, den Körper wach zu klopfen. Das kann der Aktivierung, aber auch der Entspannung des Körpers dienen.

Bei der Übung wird der ganze Körper mit lockerer Faust oder der flachen Hand abgeklopft. Als erstes sind die Schultern und Arme an der Reihe. Bei der rechten Schulter wird mit der linken Hand an der Innenseite des rechtens Armes entlang hinunter und an der Außenseite entlang wieder hoch geklopft. Das wir dann dreimal wiederholt, bevor die andere Seite dran ist.

Danach wird der ganze Körper in folgender Reihenfolge abgeklopft: Kopf, Rücken, Gesäß, Außenseite Ober- und Unterschenkel, Zehen, an der Innenseite der Beine entlang wieder hinauf. Auch das wird insgesamt dreimal wiederholt.

„Geh-Meditation"

Eine weitere Möglichkeit ist die „Geh-Meditation". In der Bewegung sollen Geist und Körper miteinander „verschmelzen", so wird die Achtsamkeit für den eignen Körper gestärkt. Hier ist es wichtig, langsam, bequem und in Ruhe zu gehen. Man sollte sich eines jeden Schrittes ganz bewusst sein. Daher sollte die Übung am besten im Freien oder in einem größeren Raum durchgeführt werden. Alle Teilnehmenden sollten genug Platz haben und sich nur auf sich konzentrieren können. Nur so hat man die Möglichkeit, die Aufmerksamkeit auf den gegenwärtigen Moment zu lenken und nicht aus dem bewussten Zustand der Achtsamkeit herausgerissen zu werden. Man kann im Gehen auch eine Affirmation wiederholen: Beim Einatmen kann „Im Hier" gesagt werden, beim Ausatmen „Im Jetzt".

AN 1.3: Strategien von Influencer*innen-Marketing

Die folgenden Strategien werden von Influencer*innen zur Bewerbung von Produkten eingesetzt:

Influencer*innen…
… versuchen, die kommerzielle (Verkaufs-) Absicht der Marke verbergen.
… versuchen zu verschleiern, dass es sich um Werbung handelt.
… versuchen, die Werbung möglichst unauffällig in die Posts/Videos zu integrieren.
… versuchen zu verbergen, dass sie mit der Werbung Geld verdienen.
... stellen sicher, dass man das beworbene Produkt/die Marke immer wieder sieht.
... erwähnen das Produkt immer wieder.
... stellen die Marke in einem Kontext dar, der den Follower*innen gefällt.
... stellen die Marke in einem Kontext dar, dem die Follower*innen vertrauen.
… gestalten die Posts/Videos optisch ansprechend.
… produzieren Posts/Videos, die einen spannenden Inhalt haben.
... zeigen die Produkte in ihrem Alltag.
… zeigen sich selbst, wie sie das Produkt nutzen.
… versprechen den Follower*innen, dass es ihnen mit dem Produkt gut geht.
... posten direkt einen Link zum Online-Shop, in dem man das Produkt kaufen kann.
… geben Rabattcodes für die beworbenen Produkte.
… sorgen dafür, dass es die beworbenen Produkte nur für eine kurze Zeit gibt.
… sorgen dafür, dass es nur eine begrenzte Anzahl des Produktes gibt.
... bieten auf dem eigenen Kanal Gewinnspiele zum beworbenen Produkt an.
... führen Produkttests/Reviews durch, um auf das Produkt aufmerksam zu machen.
... erstellen Erklärvideos zum Produkt, um auf das Produkt aufmerksam zu machen.

AN 2.1: Einleitende Worte: Was ist Selbstkontrolle?

Heutzutage sind Soziale Medien fester Bestandteil unseres Alltags geworden. Es ist wichtig, dass ihr lernt, wie ihr diese Plattformen in gesunder und verantwortungsbewusster Weise nutzen könnt. Ein entscheidender Aspekt dabei ist die Selbstkontrolle. Heute möchte ich euch erklären, was Selbstkontrolle bedeutet und wie ihr sie in Bezug auf Soziale Medien anwenden könnt.

Was ist Selbstkontrolle?

Selbstkontrolle bedeutet, dass ihr eure eigenen Handlungen, Gefühle und Impulse bewusst steuern könnt. Es ist die Fähigkeit, in schwierigen Situationen oder bei Versuchungen angemessen zu reagieren und kurzfristige Befriedigung zugunsten langfristiger Ziele zu verzichten.

Beispiele für Selbstkontrolle bei der Nutzung Sozialer Medien sind:
Überprüfung von Informationsquellen: Seid kritisch gegenüber Informationen, die ihr auf Sozialen Medien findet, und überprüft die Quellen, bevor ihr diese für wahr anseht oder weiterverbreitet. (Impuls: Kauf von Produkten, die auf Posts beworben werden)

Zeitmanagement: Setzt euch klare Zeitlimits für die Nutzung Sozialer Medien, um ein übermäßiges Verweilen zu vermeiden. Achtet darauf, dass ihr genug Zeit für wichtige Aufgaben wie Schule, Hobbys oder persönliche Interaktionen habt. (Impuls: ständiges Greifen zum Smartphone bei Langeweile)

Achtsamkeit beim Posten: Denkt vor dem Posten oder Kommentieren darüber nach, wie eure Worte oder Bilder auf andere wirken könnten. Vermeidet impulsive oder beleidigende Kommentare und seid respektvoll gegenüber anderen. (Impuls: unmittelbares Reagieren auf Posts und Kommentare)

Vermeidung von Ablenkungen: Wenn ihr euch auf eure Hausaufgaben, Studium oder andere Aktivitäten konzentrieren möchtet, legt euer Handy oder andere Geräte beiseite, um nicht ständig von Benachrichtigungen abgelenkt zu werden. (Impuls: unmittelbares Greifen zum Handy bei neuer Nachricht)

Umgang mit Cybermobbing: Wenn ihr negative oder beleidigende Nachrichten erhaltet, versucht, ruhig zu bleiben und nicht sofort zu reagieren. Meldet den Vorfall bei den Plattformbetreibern und sprecht mit einem vertrauenswürdigen Erwachsenen über das Erlebte. (Impuls: unmittelbare Reaktion auf negative Nachricht)

Reduzierung von Bildschirmzeit: Ihr könnt versuchen, vor dem Schlafengehen eine bestimmte Zeit ohne Bildschirm zu verbringen, um einen besseren Schlaf zu fördern. (Impuls: vermeintliches Anhalten von „Gedankenkarussel" beim Einschlafen durch unmittelbares Greifen zum Handy)

Die Fähigkeit zur Selbstkontrolle braucht Übung, also erwartet nicht, dass ihr von Anfang an perfekt seid. Setzt euch realistische Ziele und belohnt euch selbst, wenn ihr sie erreicht. Mit der Zeit werdet ihr lernen, eure Online-Aktivitäten besser zu steuern und eine gesunde Balance im Umgang mit Sozialen Medien zu finden.

Denkt daran, dass Soziale Medien großartige Werkzeuge sein können, um mit anderen zu kommunizieren und Informationen auszutauschen, aber sie sollten nicht euer gesamtes Leben bestimmen. Nutzt sie bewusst und verantwortungsbewusst, um das Beste aus dieser digitalen Welt zu machen.

AN 3.1: Dankbarkeit

Brainstorming/Ideensammlung: Was ist Dankbarkeit? Definition Dankbarkeit für Trainer*innen

Was genau ist Dankbarkeit eigentlich? Dankbarkeit ist ein Gefühl, das in Beziehungen zwischen Freund*innen, Familie, Partner*innen, aber auch während Interaktionen mit fremden Menschen auftritt, wenn eine Person anerkennt, dass sie von einer anderen Person eine wertvolle materielle oder immaterielle Leistung oder Zuwendung erhalten hat.

Dankbarkeit ist somit oft an eine Bedingung geknüpft und tritt situativ auf, kann aber auch aufgrund einer „inneren Haltung" erfolgen und beschreibt die persönliche Tendenz, zugänglich für das Gefühl der Dankbarkeit zu sein. Dankbarkeit dient, wie andere soziale Emotionen auch, der Regulierung von sozialen Beziehungen, festigt und stärkt diese.

Wissenschaftliche Studien zeigen, dass Dankbarkeit mit emotionaler Stabilität sowie positiven sozialen Beziehungen zusammenhängt. Darüber hinaus empfinden Menschen mit höherer Dankbarkeit häufiger positive Emotionen und legen statistisch gesehen weniger Wert auf materiellen Besitz als jene, die niedrigere Dankbarkeit aufweisen.

Exemplarische Sätze für Teilnehmende

Folgende Sätze stehen exemplarisch für mögliche Antworten, die die Teilnehmenden im Laufe der Übung auf die Frage: „Was ist Dankbarkeit?" geben könnten. Hierbei gibt es keine falschen oder richtigen Antworten. Die Übung zielt darauf ab, einen Überblick über die bisherigen Assoziationen zum Thema Dankbarkeit unter den Jugendlichen zu gewinnen. Hierbei kann sowohl auf den materiellen, immateriellen, sowie den situativen bzw. tendenziellen Aspekt der Dankbarkeit Bezug genommen werden.

- Dankbarkeit ist *ein Gefühl*, was ich empfinde, wenn mir jemand etwas *schenkt*.
- Dankbarkeit ist das Gefühl, was ich habe, wenn ich über meine *Freunde/ Familie* nachdenke.
- Dankbarkeit ist, wenn ich mich *gut fühle*, nachdem ich jemandem *eine Freude gemacht* habe. etc.

Exemplarische Fragen für Teilnehmende

Diese Fragen können Teilnehmenden gestellt werden, um sich mit dem Gefühl der Dankbarkeit vertraut zu machen und das Auftreten von Dankbarkeit zu erkennen und zu reflektieren.

» Für was bist du dankbar?
» Für welche Personen in deinem Leben bist du dankbar?
» Wie genau fühlt sich Dankbarkeit für dich an?
» Denke an eine Situation, in der du Dankbarkeit empfunden hast. Wie hast du dich dabei gefühlt? War dieses Gefühl negativ oder positiv?

Literatur

Lomas et al. (2014): Gratitude Interventions. A Review and Future Agenda. In: The Wiley Blackwell Handbook of Positive Psychological Interventions. Chichester: Wiley & Sons.

Lopez, S. J./Snyder, C. R. (2011): Handbook of positive psychology. Oxford: Oxford University Press.

Wood, A. M./Froh, J. J./Geraghty, A. W. (2010): Gratitude and well-being: A review and theoretical integration. In: Clinical Psychology Review, 30(7), S. 890–905. https://doi.org/10.1016/j.cpr.2010.03.005

MB 1: Beispiele von Influencer*innen-Marketing

Influencer*innen nutzen die Sozialen Medien, um Werbung für bestimmte Produkte zu machen. In Deutschland gibt es für Influencer*innen eine Pflicht, die Nutzer*innen darauf hinzuweisen, wenn sie für ein Produkt Werbung machen. Das nennt man Kennzeichnungspflicht. Die folgenden Fragen beziehen sich auf diese Kennzeichnungspflicht. Bitte gib bei den folgenden Szenarien eine Einschätzung ab, ob der/die Influencer*in das als Werbung markieren muss. Du kannst mit Ja oder Nein antworten.

» Johannes ist Influencer. In seiner Heimatstadt gibt es ein tolles Fast-Food-Restaurant. Heute war er mal wieder dort und hat ein TikTok darüber veröffentlicht, welche Burger er in diesem Restaurant am liebsten isst. Für das Video erhält er von dem Restaurant kein Geld.

Muss Johannes das als Werbung markieren?

Nein, Johannes muss das nicht als Werbung markieren, da er für das TikTok keine Gegenleistung, z. B. Geld oder kostenlose Burger erhält.

» Aline ist Influencerin. Sie entwickelt gemeinsam mit einer bekannten Mode-Marke eine Kollektion. Nun lädt Aline ein YouTube-Video hoch, indem sie ihre Arbeit mit der Marke und die neue Kollektion vorstellt. Für die Zusammenarbeit erhält Aline Geld.

Muss Aline das als Werbung markieren?

Ja, Aline muss das als Werbung markieren, da sie für die Zusammenarbeit Geld erhält.

» Julia ist Influencerin. Sie bekommt von einem teuren Label kostenlos eine Uhr zugesendet und darf sie behalten. Das Label bittet sie, die Uhr in ihrer Story auf Instagram zu zeigen und darüber zu sprechen.

Muss Julia das als Werbung markieren?

Ja, Julia muss das als Werbung markieren, da sie für die Story eine Gegenleistung (die Uhr) erhält. Durch diese Gegenleistung kann Julia nicht mehr objektiv berichten, sondern ist in ihrem Urteil beeinflusst.

» Marco ist Influencer. In einem seiner Videos nennt er einen Rabattcode für einen Online-Shop, in dem man einen Schokoriegel kaufen kann. Für jeden verkauften Riegel erhält er einen Euro.

Muss Marco das als Werbung markieren?

Ja, Marco muss das als Werbung markieren. Er erhält durch das Posten des Rabattcodes Geld durch die Beteiligung am Gewinn der Schokoriegel. Er hat also durch das Posting einen finanziellen Gewinn.

» Hanna ist Influencerin. Ihre Freundin Lena möchte nun auch Influencerin werden. Um ihre Freundin Lena zu unterstützen, markiert Hanna sie immer wieder in ihren Stories, sodass ihre Follower*innen auf das Profil von Lena aufmerksam werden.

Muss Hanna das als Werbung markieren?

Nein, Hanna muss das nicht als Werbung markieren. Sie erhält für das Posting keine materielle Gegenleistung wie Geld oder kostenlose Produkte.

» Anselm ist Influencer. Er produziert einen Podcast über gesunde Ernährung. Damit er Geld verdienen kann, hat er sich eine bekannte Supermarkt-Kette als Sponsor ausgesucht. Diese zahlt ihm für jede Folge 200 Euro. Dafür verweist Anselm in seinen Podcast-Folgen immer wieder auf die Supermarkt-Kette.

Muss Anselm im Podcast berichten, dass er von der Supermarkt-Kette Geld für die Podcastfolge erhalten hat?

Ja, Anselm muss das als Werbung markieren. Er erhält Geld und ist dadurch in seinen Aussagen nicht mehr neutral.

» Ein bekanntes Sport-Label hat einen Instagramkanal. Hier zeigt die Marke ihre neue T-Shirt-Kollektion.

Muss das Label die Beiträge mit der neuen Kollektion als Werbung markieren?

Nein, das Sport-Label muss das nicht als Werbung markieren. Der gesamte Instagramkanal dient dazu, dass die Marke bekannt wird und Produkte verkauft. Es wird also unterstellt, dass man als User*in erkennen kann, dass es ein rein kommerzieller Kanal ist. Dann ist keine weitere Kennzeichnung notwendig.

Die Medienanstalten haben einen Leitfaden zur „Werbekennzeichnung bei Online-Medien" veröffentlicht. Hier kannst du nochmal genauer nachlesen, welche Pflichten Influencer*innen bei der Kennzeichnung von Werbung haben. Du findest den Leitfaden hier: www.die-medienanstalten.de/themen/werbeaufsicht

SCAN ME

MB 2: Fiktive Angebote für Influencer*innen

›› Aline ist Influencerin. Sie wird von einem berühmten Süßwarenhersteller gefragt, ob sie für die neue Sorte Gummibärchen Werbung machen kann. Die Gummibärchen sind vegan und klimaneutral hergestellt. Aline würde von der Marke 2.000 Euro erhalten.

Aline ernährt sich vegetarisch und mag die Gummibärchen der Marke grundsätzlich sehr gerne.

Würdest du an Stelle von Aline das Angebot annehmen? (Warum?)

›› Johannes ist Influencer. Er erhält von seinem liebsten Fast-Food-Restaurant eine Anfrage. Er soll einen Burger entwickeln, der dann in den Filialen verkauft wird. Zusätzlich soll er auf seinem TikTok-Kanal für den Burger werben. Johannes würde von der Marke 10.000 Euro bekommen, ist sich aber unsicher, ob er das Angebot annehmen soll. Er weiß, dass Burger nicht zu einer gesunden Ernährung passen und dass er mit der Kooperation viele Menschen zu dieser ungesunden Ernährung anstiftet.

Würdest du an Stelle von Johannes das Angebot annehmen? (Warum (nicht)?)

›› Julia ist Influencerin. Sie wird von einer Modemarke gefragt, ob sie die neue Kollektion in ihrer Story auf Instagram vorstellen kann. Hierfür würde Julia 5.000 Euro erhalten. Julia weiß, dass die Näher*innen der Modemarke nicht fair für ihre Arbeit bezahlt werden. Allerdings ist sie sich auch darüber bewusst, dass viele ihrer Follower*innen die Marke sehr gerne mögen und die Vorstellung der Kollektion in der Community gut ankommen würde.

Würdest du an Stelle von Julia das Angebot annehmen? (Warum (nicht)?)

›› Marco ist Influencer. Er benutzt normalerweise überhaupt keine Gesichtspflege. Nun wird er von einer bekannten Beauty-Marke gefragt, ob er ein Review über eine Gesichtscreme machen kann. Er bekommt die Vorgabe, dass er nur positiv über die Creme berichten darf. Dafür würde er 10.000 Euro erhalten.

Würdest du an Stelle von Marco das Angebot annehmen? (Warum (nicht)?)

» Hanna ist Influencerin und produziert vor allem Videos mit Sport-Workouts. Sie selbst nutzt nie Protein-Shakes. Nun erhält sie eine Anfrage eines Proteinpulver-Herstellers. Sie soll immer am Ende ihrer Videos einblenden, wie sie einen Shake der Marke trinkt. Dafür erhält sie einen Vertrag über ein halbes Jahr und bekommt pro Video 1.000 Euro. Hanna ist gerade knapp bei Kasse. Ohne den Vertrag könnte sie dieses Jahr nicht mehr in den Urlaub fahren.

Würdest du an Stelle von Hanna das Angebot annehmen? (Warum (nicht)?)

MB 3.1: Dankbarkeitsintervention Three Good Things

Dankbarkeitsintervention

Three Good Things

Durchführung:
„Schreibe in kurzen Sätzen 3 Dinge auf, für die du diese Woche bzw. im Allgemeinen dankbar bist. Notiere für jeden der drei Punkte jeweils eine kurze Erklärung, aus welchem Grund du dafür dankbar bist. Kümmere dich nicht um Rechtschreibung oder Grammatik. Schreibe so viel oder so kurz wie du es als passend empfindest. Um deine Gedanken zu ordnen, kannst du folgender Anleitung nachgehen:"

- Gib dem Ereignis einen Titel.
- Versuche so detailreich wie möglich aufzuschreiben, was passiert ist und notiere dabei auch, wo du zu dem Zeitpunkt warst, was du getan oder gesagt hast, oder, wenn andere Personen involviert waren, was diese getan oder gesagt haben.
- Schreibe anschließend auf, wie du dich während oder nach dem Ereignis gefühlt hast. Schreibe dann auf, warum dieses Ereignis/ Begegnung/ Freundschaft entstanden ist
- Versuche dich während des Schreibens auf die positiven Gefühle zu konzentrieren, die du während des Ereignisses empfunden hast.
- Wenn du merkst, dass dich negative Gefühle ablenken, versuche deine Aufmerksamkeit wieder auf das positive Ereignis, über das du gerade schreibst, zu lenken.
- Wiederhole diesen Prozess für insgesamt drei Ereignisse/Erlebnisse/Begegnungen, für die du dankbar bist.

Dafür bin ich heute dankbar gewesen:

Titel:

Beschreibung des Ereignisses:

So habe ich mich dabei gefühlt:

Warum ist dieses Ereignis passiert?

MB 5.1: Fragen zu Werbung

Schaut euch als Gruppe den Post des Influencers/der Influencerin genau an und beantwortet die folgenden Fragen schriftlich:

» Wer hat die Werbung gepostet? Wie heißt der/die Influencer*in?

» Welches Produkt wird beworben?

» Wie genau wird das Produkt beworben?

» Welche Strategien hat der/die Influencer*in eingesetzt, um euch von dem Produkt zu überzeugen?

» Kann man an der Werbung etwas Kritisches erkennen?

» Kannst du von dem Post auf die Person schließen? Was ist der Person in ihrem Leben wichtig?

MB 5.2: Einen werblichen Instagram-Post erarbeiten

Stellt euch vor: Ihr seid Influencer*innen. Ihr bekommt von einer Marke ein Produkt kostenlos zur Verfügung gestellt und sollt in einem Instagram-Post Werbung für das Produkt machen. Wie sieht dieser Post aus? Was ist auf dem Bild zu sehen? Was steht in der Caption?

Für die Aufgabe dürft ihr euch selbst aussuchen, für welches Produkt ihr Werbung macht. Bitte beantwortet nach der Erstellung des Posts die folgenden Fragen:

» Wie heißt euer Account?

» Welches Produkt wollt ihr bewerben?

» Wer soll euren Post sehen?

» Welche Strategien wendet ihr an, um das Produkt zu bewerben?

» Wie könnte euer Post von unterschiedlichen Personen (Jugendlichen, Eltern, Lehrkräften, ...) verstanden werden?

» Was sagt der Post über euch als Personen aus? Können die Follower*innen anhand des Posts erkennen, was euch im Leben wichtig ist?

MB 5.3: Ein Tag als Influencer*in

Leo ist 19 Jahre alt und ist Sportinfluencer*in. Auf YouTube veröffentlicht Leo häufig Videos mit Workouts und auf Instagram postet er/sie hilfreiche Tipps zum Thema Sport.

Wir begleiten Leo heute durch ihren/seinen Alltag und erleben viele Situationen, die für Leo ganz normal sind.

Eure Aufgabe ist es, euch Dialoge für die Situationen zu überlegen, die Leo an einem Tag erlebt. Versetzt euch in Leos Lage und stellt euch vor, wie die Unterhaltungen aussehen könnten.

08:00 Uhr Treffen mit Ron aus der Influencing-Agentur

Leo arbeitet mit einer Agentur zusammen. Die Agentur holt für Leo Aufträge ein und handelt Verträge aus. Ron arbeitet für die Agentur und ist hier der Ansprechpartner von Leo.

In der Unterhaltung von Leo und Ron geht es darum, dass Leo ein Angebot einer bekannten Sportmarke erhalten hat. Ron unterbreitet Leo das Angebot und fragt, ob Leo das Angebot annehmen möchte. Leo bittet am Ende der Unterhaltung darum, noch ein bisschen über das Angebot nachdenken zu dürfen.

Wie könnte der Dialog zwischen Leo und Ron aussehen?

Ron von der Agentur: „Guten Morgen Leo!“

Leo: ____“

Ron von der Agentur: „Heute Morgen kam eine Anfrage einer Sportmarke rein. Hier steht: ‚Liebe*r Leo, als Sport-Influencer*in bist du uns schon oft positiv aufgefallen. Dein Auftritt auf Instagram gefällt uns. Wir würden daher gerne mit dir zusammenarbeiten. Hättest du Zeit für ein kurzes Telefonat? Dann könnten wir über Details besprechen.‘ Was denkst du dazu?“

Leo: ____

____

____

Ron von der Agentur: „Die Kooperation würde bestimmt viel Geld einbringen. Aber ich finde auch komisch, dass sie nicht geschrieben haben, wie genau die Zusammenarbeit aussehen soll."

Leo: ____

____

____

Ron von der Agentur: „Wir müssen ja nicht direkt antworten. Du kannst dir gerne noch überlegen, ob du die Kooperation eingehen möchtest."

10:00 Uhr Treffen mit Leos Team

Der Job als Influencer*in ist zeitaufwändig. Daher hat Leo zwei Mitarbeiter*innen zur Unterstützung: Lyn und John. Jeden Vormittag treffen sich die drei, um aktuelle Themen zu besprechen. Leo erzählt von dem Angebot der Sportmarke und fragt Lyn und John, was sie davon halten. Lyn gibt zu bedenken, dass die Marke Kinderarbeit unterstützt. Da Leo eigentlich nur faire Kleidung unterstützen möchte, wird Leo unsicher. Leo möchte die Zusammenarbeit mit der Marke, die sehr viel Geld einbringt, nur ungern absagen.

Wie könnte der Dialog zwischen Leo, Lyn und John aussehen?

Lyn: „Hallo ihr!"

John: „Hi!"

Leo: „Wir haben eine Anfrage der bekannten Sportmarke bekommen! Heute Morgen kam sie rein. Ron hat mich gerade informiert."

Lyn: „Das ist ja super: Eine Kooperation mit dieser Marke? Das ist ja ein Traum! Hast du schon zugesagt?"

Leo: ____

____

____

John: „Hm. Wenn sie auch Kinderarbeit in ihrer Produktion nicht ausschließen können, dann würde ich mir die Zusammenarbeit auch gut überlegen."

17:00 Eis essen mit Freund*innen

Nach der Arbeit ist Leo mit seinen/ihren Freund*innen Luca und Mavi zum Eis essen verabredet. Sie treffen sich in einem beliebten Café in der Innenstadt. Bereits die Bedienung fragt Leo nach einem Autogramm. Während sich die Freund*innen unterhalten, stören andere Menschen immer wieder die Unterhaltung: sie wollen ein Foto mit Leo machen. Auf der einen Seite findet Leo das toll, da sie/er wiedererkannt wird. Andererseits ist sie/er genervt, da sie sich so nicht richtig mit seinen/ihren Freund*innen unterhalten kann.

Wie könnte der Dialog zwischen Leo und den Freund*innen aussehen?

Leo: ____

____

____

Mavi: „Also ich finde es cool, dass du die ganze Zeit angesprochen wirst. Vielleicht bekomme ich so ja auch ein paar Follower*innen mehr."

Leo: ____

____

____

John: „Ich bin schon etwas genervt, dass wir die ganze Zeit in unseren Unterhaltungen gestört werden. Sollen wir vielleicht besser zu meinen Eltern nach Hause gehen? Da wären wir ungestört."

Leo: ____

____

____

19:00 Uhr Abendessen zuhause

Das Leben als Influencer*in ist nervenaufreibend. Als bekannte Person steht Leo unter großem Druck, keine Fehler zu machen. Zudem bekommt Leo sehr viele Hass-Nachrichten. Hier wird Leo beleidigt und erhält sogar Drohungen, die richtig angsteinflößend für Leo sind. Die Unterstützung von Leos Vaters ist daher sehr hilfreich. Leo kann ihm einfach alles erzählen.

Wie könnte der heutige Dialog zwischen Leo und ihrem Vater aussehen?

Vater: „Na, wie lief dein Tag?"

Leo: ______________________________

____

____

Vater: „Du solltest auf die Kommentare unter den Posts nicht so sehr achten. Die kenne dich doch alle gar nicht wirklich und wissen somit auch nicht, wer du wirklich bist. Du machst eine tolle Arbeit! Wäre es denn nicht besser, dass du die Kommentare gar nicht liest?"

Leo: ______________________________

____

____

Vater: „Vielleicht könnten deine Mitarbeiter*innen die Kommentare für dich bearbeiten?"

Leo: ______________________________

____

____

Vater: „Ich bin immer für dich und ich bin froh, wenn ich dir helfen kann!"

Leo: ____

____

____

Vater: „Ich finde es nicht gut, wenn du so spät am Abend noch arbeiten musst. Ist das denn wirklich notwendig?"

Leo: ____

____

____

MB 5.4: Hausaufgabe

Beobachte dich selbst beim Einkaufen. Dabei ist es egal, ob du das Produkt in einem Laden oder online gekauft hast. Notiere dir im Nachhinein ggf. Antworten auf die folgenden Reflexionsfragen:

» Wie entscheidest du, welches Produkt du kaufen möchtest?

» Wie genau unterscheiden sich deine Entscheidungen beim Online-Einkauf von denen in einem Laden (wie z. B. dm)?

» Welche Kriterien sind dir beim Einkauf wichtig?

» Unterscheiden sich diese Kriterien zwischen verschiedenen Produkten (wie z. B. Klamotten, Gaming-Zubehör, Make-up, Lebensmittel)?“

MB 6.1: Materialblatt Abschlusssitzung

FALLKARTE A

- » Bitte wählt zunächst gemeinsam eine*n Moderator*in.
- » Der/der Moderator*in liest euch anschließend eine der beiden zugeteilten Fallkarten laut vor.
- » Hört aufmerksam zu.
- » Meldet euch dann mit Handzeichen und beantwortet die gestellten Fragen aus eurer persönlichen Perspektive.
- » Bezieht euch dabei auch auf die Selbstbeobachtungen, die ihr in Kaufsituationen der vergangenen Woche gemacht habt.

Fall A

Stelle dir eine spezifische Kaufsituation vor, die du seit der letzten Sitzung erlebt hast. Dies kann zum Beispiel das Scrollen durch einen Online-Shop wie Asos, Zalando oder Amazon, der Gang durch einen Supermarkt oder ein Shopping-Center sein.

Fragen

Bitte beantworte nun folgende Fragen…

1. Bist du in dieser Umgebung einem Produkt begegnet, welches du zuvor bei einer/einem Influencer*in auf Social Media gesehen hast?
   Beschreibe dieses Produkt und wo du es zuvor gesehen hast.
   (Hierbei kann es sich um von Influencer*innen beworbene Produkte oder auch von Influencer*innen selbst kreierte Produkte handeln.)
2. Wie hast du dich dabei gefühlt?
3. Wolltest du das Produkt haben und warum (nicht)?
4. Warum hast du dich am Ende dafür/dagegen entschieden, das Produkt zu kaufen?

MB 6.2: Materialblatt Abschlusssitzung

FALLKARTE B

- » Bitte wählt zunächst gemeinsam eine*n Moderator*in.
- » Der/der Moderator*in liest euch anschließend eine der beiden zugeteilten Fallkarten laut vor.
- » Hört aufmerksam zu.
- » Meldet euch dann mit Handzeichen und beantwortet die gestellten Fragen aus eurer persönlichen Perspektive.
- » Bezieht euch dabei auch auf die Selbstbeobachtungen, die ihr in Kaufsituationen der vergangenen Woche gemacht habt.

Fall B

Stelle dir vor, du scrollst durch dein Soziales Netzwerk und siehst einen Beitrag deiner Lieblingsinfluencerin/deines Lieblingsinfluencers.

In diesem Beitrag zeigt oder verwendet er/sie ein Produkt und beschreibt es als tolles, neues Produkt, was jede*r haben sollte.

Unten in der Beschreibung des Beitrags ist ein Link eingetragen, über *den du mit einem Rabattcode sogar 30 % weniger für das Produkt zahlen musst, wenn du dich entscheidest, es online zu kaufen.*

Außerdem sagt dein*e Lieblingsinfluencer*in in dem Beitrag, dass das Produkt ab sofort in jedem großen Supermarkt erhältlich ist.

Fragen

Bitte beantworte nun folgende Fragen…

1. Wie findest du diese Art von Werbung?
2. Wie wahrscheinlich ist es, dass du das Produkt kaufst? Warum (nicht)? Beschreibe anschließend, wie dein Entscheidungsprozess hierbei aussehen könnte.
3. Findest du es gut oder schlecht, dass Influencer*innen solche Art von Werbung machen.
   Begründe deine Antwort.

MB 6.3: Materialblatt Selbst-Betätigung

Datum ____________ **Name** ______________________

Was wirklich zählt ...!

Jeder Mensch ist einzigartig und hat seine eigenen Dinge, die ihm wichtig sind. Hier findest du einige Beispiele für Dinge, die für dich persönlich wichtig sein könnten. Jedes Wabenpaar repräsentiert eine wichtige Sache. Was jedoch wirklich für dich zählt, weißt nur du selbst. Indem du bewusst darüber nachdenkst, was dir wichtig ist, kannst du dein Selbstbewusstsein stärken.

Falls du kein passendes Beispiel findest, gibt es zwei Wabenpaare zum Ergänzen deiner eigenen Ideen. Diese sind mit einem Stift und Linien gekennzeichnet.

Wenn beide Dinge für dich gleich wichtig sind, ist das auch ok. Nutze trotzdem den gesamten Platz auf der nachfolgenden Seite.

Aufgabe:

1. Wähle (oder ergänze) zwei Wabenpaare, die für dich persönlich am wichtigsten sind.
2. Nimm dir 20–25 Minuten Zeit und schreibe auf, warum diese beiden Dinge für dich wichtig sind und warum sie dir hilfreich sein könnten. Nutze dafür die folgende Seite.

Es geht nicht um deine Leistung – die Aufgabe wird nicht bewertet.

Darum sind die beiden Dinge, die ich gewählt habe, für mich wichtig:

P2.1: Gallery Walk – Poster 1 – Youtube

1. **Wie häufig nutzt du Youtube?**

nie	1x pro Monat	1x pro Woche	mehrmals pro Wo-che	1x täglich	mehrmals täglich	stündlich

2. **Wie fühlst du dich, nachdem du auf Youtube warst?**

sehr schlecht — sehr gut

3. **Wie häufig nimmst du Werbung auf Youtube wahr?**

nie	1x pro Monat	1x pro Woche	Mehrmals pro Wo-che	1x täglich	Mehrmals täglich	stündlich

4. **Hast du schon mal Produkte nachgekauft, die du auf Youtube gesehen hast?**

noch nie — schon oft

P2.2: Gallery Walk – Poster 2 – Instagram

1. **Wie häufig nutzt du Instagram?**

nie	1x pro Monat	1x pro Woche	mehrmals pro Wo-che	1x täglich	mehrmals täglich	stündlich

2. **Wie fühlst du dich, nachdem du auf Instagram warst?**

sehr schlecht — sehr gut

3. **Wie häufig nimmst du Werbung auf Instagram wahr?**

nie	1x pro Monat	1x pro Woche	Mehrmals pro Wo-che	1x täglich	Mehrmals täglich	stündlich

4. **Hast du schon mal Produkte nachgekauft, die du auf Instagram gesehen hast?**

noch nie — schon oft

P2.3: Gallery Walk – Poster 3 – TikTok

1. **Wie häufig nutzt du TikTok?**

nie	1x pro Monat	1x pro Woche	mehrmals pro Woche	1x täglich	mehrmals täglich	stündlich

2. **Wie fühlst du dich, nachdem du auf TikTok warst?**

sehr schlecht — sehr gut

3. **Wie häufig nimmst du Werbung auf TikTok wahr?**

nie	1x pro Monat	1x pro Woche	Mehrmals pro Woche	1x täglich	Mehrmals täglich	stündlich

4. **Hast du schon mal Produkte nachgekauft, die du auf TikTok gesehen hast?**

noch nie — schon oft

Tabellenverzeichnis

Die Autorinnen und Autoren

Dr. Tamara Marksteiner ist wissenschaftliche Mitarbeiterin an der DHBW und dem Landesjugendamt Baden-Württemberg, forscht und lehrt zu sozialpsychologischen und -pädagogischen Interventionen für junge Menschen.
Tamara.Marksteiner@dhbw-stuttgart.de

Josephine Jahn ist wissenschaftliche Mitarbeiterin an der LMU München, spezialisiert auf Professionalisierung von Fachkräften in Sozialarbeit/Sozialpädagogik, studierte Erziehungswissenschaften und Erwachsenenbildung.
j.jahn@lmu.de

Dr. Dorien Duffner-Korbee ist Senior Researcher und Projektleiterin am Fraunhofer ISI, fokussiert auf soziale Transformationen und gesellschaftliche Akzeptanz nachhaltiger Innovationen, besonders bei Mobilitätskonzepten.
dorien.duffner-korbee@isi.fraunhofer.de

Aaron Heinz ist Psychologe mit Interesse an Einstellungen und Verhalten von Nutzern neuer Technologien wie E-Fahrzeuge, autonome Fahrzeuge und Social Media Influencing.
aaronheinz94@gmail.com

Prof. Dr. Tobias Vogel ist Professor für Markt-, Konsumenten- und Medienpsychologie an der Hochschule Darmstadt, untersucht Entscheidungsprozesse und Konsumeinstellungen, insbesondere die Auswirkungen digitaler Medien.
tobias.vogel@h-da.de